九死一生九〇年

私の奇妙な前半生物語

東京老爺児【とうきょうろーやる】

文芸社

まえがき

私事ばかりで恐縮である。

幼児の頃より何回となく、必死の状況を越えてきていて、その上、日本国の社会的状況もまた翩々し、ついには世界に並ぶ民主平和的国家となった。

良果が悪因となり、悪果が良因となる、いわゆる糾える縄の如く、有為転変の世相の中に、私も大河に浮かぶ木の葉の如く流されてきた。そんな私の境涯と世相を取り混ぜて、未熟拙劣の文章を以て、僭越ながら発表させていただいた。

世相といっても複雑であり、微管望星の私の筆力ではとうていい満足に書き表すことは出来ないし、また、煩雑な文章になると読み辛いので、一部に留めている。少しでもご納得いただける個所があれば、私の幸甚とするところである。

現在の平和国家が出現するまでの国民の苦衷、当時の国策の犠牲になられた幾百万の方々の礎と、古来よりの信仰の賜によって、今日があることを感謝していただけるなら、私も思い残すことはない。自動的に今日が出現したのではないことを、次の世代の方々に是非伝えておきたいと思っている。

平成一五年六月

著者　謹書

目次

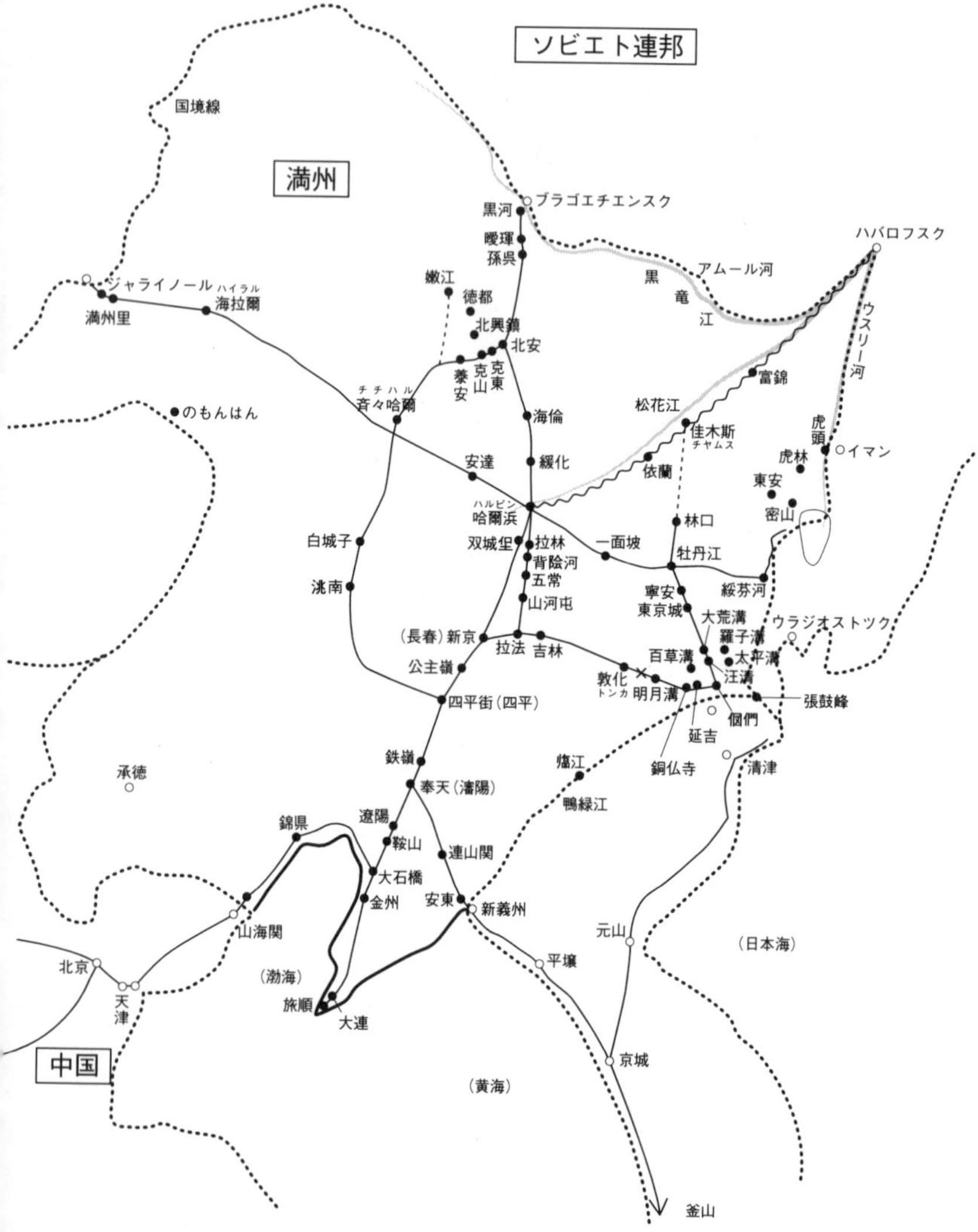
ソビエト連邦
国境線
満州
ブラゴエチエンスク
黒河
瑷琿
孫呉
嫩江
徳都
北興鎮
北安
克東
克山
泰安
ハバロフスク
アムール河
黒竜江
ウスリー河
ジャライノール
満州里
海拉爾《ハイラル》
斉々哈爾《チチハル》
のもんはん
海倫
綏化
松花江
富錦
佳木斯《チャムス》
虎頭
イマン
虎林
東安
密山
依蘭
安達
哈爾浜《ハルビン》
林口
一面坡
牡丹江
綏芬河
白城子
双城堡
拉林
背陰河
五常
山河屯
洮南
寧安
東京城
大荒溝
羅子溝
太平溝
ウラジオストック
(長春)新京
拉法
吉林
百草溝
汪清
公主嶺
敦化《トンカ》
明月溝
張鼓峰
四平街(四平)
図們
延吉
銅仏寺
清津
鉄嶺
臨江
承徳
奉天(瀋陽)
鴨緑江
錦県
遼陽
鞍山
連山関
大石橋
金州
安東
新義州
山海関
元山
(日本海)
北京
天津
平壌
(渤海)
旅順
大連
中国
京城
(黄海)
釜山

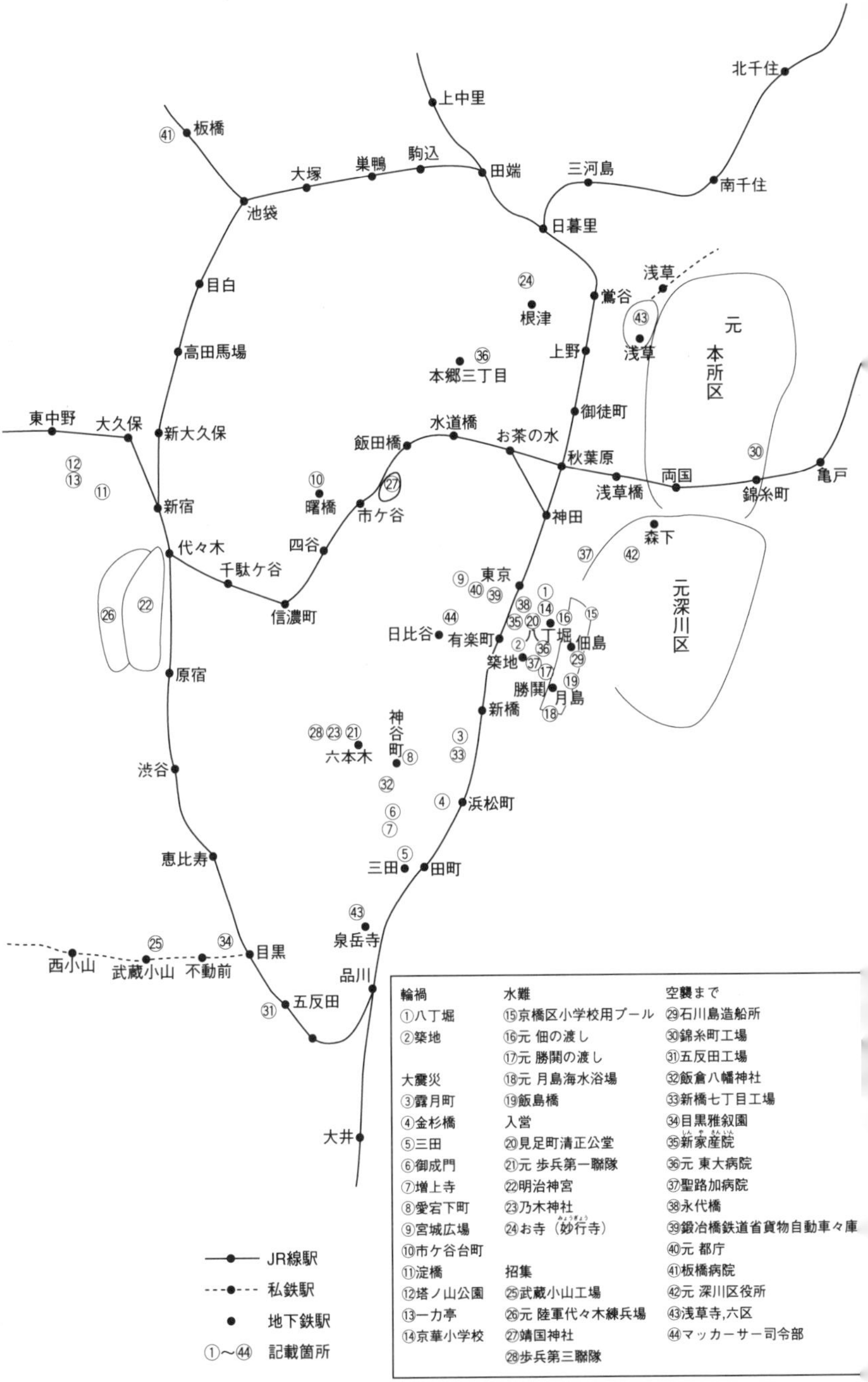

北千住
上中里
板橋
駒込
巣鴨
大塚
田端
三河島
南千住
池袋
日暮里
浅草
目白
鶯谷
根津
浅草
元
本所区
上野
高田馬場
本郷三丁目
御徒町
東中野
大久保
新大久保
水道橋
飯田橋
お茶の水
秋葉原
浅草橋
両国
錦糸町
亀戸
曙橋
市ケ谷
新宿
神田
森下
四谷
代々木
千駄ケ谷
東京
元
深川区
信濃町
日比谷
有楽町
八丁堀
佃島
築地
原宿
勝鬨
月島
新橋
神谷町
六本木
渋谷
浜松町
恵比寿
三田
田町
泉岳寺
目黒
西小山
武蔵小山
不動前
品川
五反田
大井
JR線駅
私鉄駅
地下鉄駅
①〜㊹ 記載箇所
輪禍
①八丁堀
②築地
大震災
③露月町
④金杉橋
⑤三田
⑥御成門
⑦増上寺
⑧愛宕下町
⑨宮城広場
⑩市ケ谷台町
⑪淀橋
⑫塔ノ山公園
⑬一カ亭
⑭京華小学校
水難
⑮京橋区小学校用プール
⑯元 佃の渡し
⑰元 勝鬨の渡し
⑱元 月島海水浴場
⑲飯島橋
入営
⑳見足町清正公堂
㉑元 歩兵第一聯隊
㉒明治神宮
㉓乃木神社
㉔お寺（妙行寺《みょうぎょう》）
招集
㉕武蔵小山工場
㉖元 陸軍代々木練兵場
㉗靖国神社
㉘歩兵第三聯隊
空襲まで
㉙石川島造船所
㉚錦糸町工場
㉛五反田工場
㉜飯倉八幡神社
㉝新橋七丁目工場
㉞目黒雅叙園
㉟新家産院《しんやさんいん》
㊱元 東大病院
㊲聖路加病院
㊳永代橋
㊴鍛冶橋鉄道省貨物自動車々庫
㊵元 都庁
㊶板橋病院
㊷元 深川区役所
㊸浅草寺,六区
㊹マッカーサー司令部

階級比較表

旧日本陸軍		現　防衛庁
陸海軍大元帥（天皇陛下） 元帥（元帥府に列せられた大将）		内閣総理大臣 防衛庁長官
旧　陸軍		現　陸上自衛隊
将官	陸軍大将　金箔角型章　星３点	陸将
将官	陸軍中尉　金箔角型章　星２点	陸将
将官	陸軍少尉　金箔角型章　星１点	陸将補
佐官	陸軍大佐 緑付角型章金筋２本 星３点	一等陸佐
佐官	陸軍中佐 緑付角型章金筋２本 星２点	二等陸佐
佐官	陸軍小佐 緑付角型章金筋２本 星１点	三等陸佐
尉官	陸軍大尉 緑付角型章金筋１本 星３点	一等陸尉
尉官	陸軍中尉 緑付角型章金筋１本 星２点	二等陸尉
尉官	陸軍小尉 緑付角型章金筋１本 星１点	三等陸尉
準士官	陸軍準尉（特務曹長） 緑付角型章金筋１本 無星	準陸尉
下士官	陸軍曹長 赤地角型章金筋１本 星３点	一等陸曹
下士官	陸軍軍曹 赤地角型章金筋１本 星２点	二等陸曹
下士官	陸軍伍長 赤地角型章金筋１本 星１点	三等陸曹
兵	陸軍兵長（庄袖に山型章つける） （伍長勤務上等兵）　無星	陸士長
兵	陸軍上等兵　赤地角型章　星３点	一等陸士
兵	陸軍一等兵　赤地角型章　星２点	二等陸士
兵	陸軍二等兵　赤地角型章　星１点	三等陸士
学校	陸軍生徒　赤地角型章　無星	

（筆者調べ）

九死一生九〇年

——私の奇妙な前半生物語

一、輪禍

大正八年（一九一九年）四歳

夏の夜明けにはすぐ、外へ出る。金太郎（腹掛）一枚の姿である。近所に在る金網製品工場が前の夜に戸外の捨て場に投げ込む切屑の中から、長目の物を拾い、針金細工をして遊ぶ。

選り分けていると、母の呼ぶ声がする。見ると電車通りの向こう側で私の浴衣を広げ招いている。反射的に一目散、母の許へ走った。途端に乗用車が来て衝突し、倒れた。ブレーキが早かったので、幸いにも重傷は免れた。

私が車に轢かれたと思った母は、さぞ仰天したことだろう。集まった人々は顔が潰れていると言っている。あまりに出血がひどいのでそう見えたのだった。私はこの後に蒙ることになる怪我も含めて、身体各所に障害が残り、命は助かったが仕事上で大変なハンデを負うことになる。自動車は海軍省用で、築地の施設へ行く途中だったようだ。運転手さんには大変御迷惑をお掛けした。

二、関東大震災

大正一二年（一九二三年）小学三年生

夏休みも終わった九月一日。二学期の始業式の後、ひと遊びして家に帰る。パンツ一枚の姿で御膳に座り昼食を摂り始めると、轟音とともに家が持ち上がって激しく揺れた。今日の地震は特別凄い。天地鳴動、家屋震動、家財転倒で、居ても立ってもいられない。表通りへ逃げようと家から飛び出ると、隣家の同級生と鉢合わせ、私が一歩先に出る。途端に炭俵が一俵、私の前にドスンと落ちて足許に転がった。その音に出端を挫かれて家に戻った。私と同時に、うちの女中さんが外に飛び出たのには気付かなかった。同級生と女中さんは、炭俵を跨いで行ったらしい。私は、自分が家に戻ったので他の人も戻り、誰も表通りへは行っていないと思っていた。

家の中へ足を入れた時、大谷石の土蔵造りの店舗が崩壊し、大音響とともに多量の塵が白煙となって家の中へ入ってきた。父は台所の柱に掴まり、唱えたこともないお題目を夢中で連唱し、法華信者の母は青白い顔で、一月生まれの弟を抱いて正座し、目を据え、心の中で拝んでいる。

一時地震が収まったので、崩れた店舗の山を越えて道路へ出た。運行できなくなった電車の中へと入る。地震のショックで何の気力もなく、ただ腰掛けて、惨憺たる状態の我が家を見つめる。人々が路地の土石を除いているのが見えても、ただ道をあけている位にしか思わない。しばらくたって、先に外へ出た同級生と女中さんの二人の救助作業と知って愕然となった。もし炭俵が私の後ろに落ちたら、私も家に戻らず直進して土石に埋まったであろうと思うと寒気がする。運命は間一髪で変わる。救出された方々は手当の甲斐もなく亡くなられた。

担任の千葉先生がお見えになり、同級生のお父様とお話しされている。目を赤くして涙を拭いている先生の紫色の袴姿が、真昼の太陽に照らされていたのが未だに眼底に残って消えない。

震災余話

〈避難〉　電車の中で呆然と周囲を眺めているうちに、遠くの黒煙がだんだん広がり、荷物を背負い避難してくる人もますます増えてくる。灰黒色の大小の紙の燃え滓が吹雪のように舞い上がり、地獄の様相に映る。母（当時、四二歳）は、鰐口のズック鞄を買い、金庫の中味を全部入れさせる。黒煙が高く被さるようになってきたので危険を感じたのだろうか。母は幼児を抱き、次姉、次兄、私、妹を連れて避難者の列に入り、築地方面へ流れて行った。

黒煙はついに頭上に届き、日暮れの空を一層暗くし、飛火が赤く色付き、ますます群衆を追い立てる。荷物を満載したトラックが人混みの中で立ち往生している。無理に進もうとすると制止される。混雑の中、やっとのことで海軍施設の広場に辿り着く。そこは避難者と荷物で一杯である。有栖川宮様の銅像の花崗岩でできた基壇に上る。銀座、新橋方面以西一帯に火災が広がって夜空を焦がし、炎々としてこちらへ向かってくる。

時々、パンパンパーン、ドーンドーンと破裂音と白閃光が高く揚がり、火の粉が花火のように飛び散る。これが遠目には、爆弾を投げたためにそうなったようにも見える。近い所で見ている私には、ドラム缶や石油缶の破裂だと判断できた。この爆発音と白閃光が、不安な人々の恐怖心をさらに煽り、それが「朝鮮人の攻撃だ、井戸に毒を入れた」というデマを広げ、多くの朝鮮人を殺すという、戒厳令下の大惨事が起こる原因になったと思われる。

人々は暗闇の方へ流れて行く。ついて行くと、あたりは庭園のような感じである。海軍の白服の方々が机を置いて、お茶を振るまって下さる。我に返って頂く。

闇を突き抜けると京浜国道。街並は提灯、裸ローソクで明るいのでホッとする。露月町電停（新橋五丁目あたり）前の柴井町にある母の兄の店へ着く。ここも危ないと言われ、父の従兄の家（金杉橋）へ辿り着いた。ここでお握りを頂き、私と次兄は裸なので女の子の浴衣を着せてもらった。そこでも近所の人々が逃げるので、また出掛ける。父の実家は愛宕下町で柴井町の先であるが、母はそこも危ないと思ったのだろう、私達は当てもなく夜道を歩いた。

翌朝、目が覚めたのは街路樹の下で、道路には市電の線路があった。両側の街並に被害はなく早朝なので戸は全部閉まっている。巣鴨行き市電の終点、三田付近だと思われた。

母は芝の生まれなので地理は分かるのだろう。御成門方面へと向かった。御成門交差点に電車があったので中へ入り休む。運転手さんと車掌さんが中にいらしたのも不思議であるが、車掌さんはお弁当箱を下さった。蓋を開けると白い御飯の上に赤い塩鮭がのっていて有難く頂戴し、皆で食べ回した。

キャラメルを売る人がいた。定価一〇銭のところを二〇銭で三個買ったが、この後、このキャラメル売りは暴利のため、大衆に棒で袋叩きにされたと聞いた。御成門公園の入口に水道があるが、側に煙に巻かれた男の人が仰向けに倒れていて怖かった。四歳の妹が牛乳びんに水を入れてくる。私もやせ我慢して、こわごわ屍体を眺めながら水を飲む。乗務員の方はいつの間にか、お帰りになられた。

夕刻になると、人々は荷物を背負ったり、車に載せたりして、続々と増上寺へと流れて行く。暗くなり、不安になったので私達も車内にはいられない。荷車は提灯をつけて行く。デマが飛び交い、増上寺の暗い門前では、二名の巡査が朝鮮人が攻めて来るから灯りを消すようにと呼んでいる。急ぎ門内へ入り、暗闇の人混みの中を押し分けて入る。大きな建物の中で座れる場所を探り、段の付いているような所で横になり寝る。ガタガタガタと、音とともに体が揺れるので、また地震だと目を覚ます。太い柱と梁の咬み合わせが、ギシギシと異様な音を堂内に響かせるので怖い。今にも倒れそうに感じる。大きな建物程怖いというのも分かった。

夜が明けたのでお寺を出る。内幸町に向かって歩くと、御成門から先の両側は焼跡になっていたので、我が家も焼けていると感じた。ここで母は次姉(当時一五歳)に、家へ行っておしめを持ってくるよう頼んだ。地理の分からない者には無理だと思っていると、案の定、姉がいやがるので皆で行くことに決め、馬場先門方面に向かった。

〈邂逅〉　愛宕下町（西新橋）の辺りまで車道の左側（人道は焼跡で歩けなかったため）を歩いてきた時、偶然、父が弟のチャンチャンコを竹竿の先にぶら下げて私達の名を呼びながら向かってくるのに出会った。芝区には親戚が多いので、全部回れば消息が分かると思ってきたのだろう。父は長姉（当時二一歳）、長兄（当時一七歳）とともに、荷車に必要品を積み、宮城広場へ避難し、家は焼けたと話した。

馬場先門付近では、お堀で大勢水浴している。石垣の崩れた所から出入りしている。橋を渡ると、道路には深い亀裂があって怖い。広場は避難者で一杯。家財で区割りをしていた。

家族皆が揃ったので、牛込台町にある貸家の二階を一時借りて家を探すことに決め、荷車に布団を敷き、母は弟を抱いて座り、妹も乗った。途中夕立に遭い、ゴザを被った母の哀れな姿に泣きたくなった。夕刻に台町に着いた。小テントの中では、自警団の人達が見張りをしている。停電で街にはローソクがついている。デマのための警戒で、物々しい雰囲気である。

〈空き家〉　翌日、家を探しに行った父と兄が戻ってきて、淀橋へ行くことに決まった。そこに着いたらもう夜になっていた。暗い路地を入ると奥にあるのが貸家である。家の前に掘井戸があって、何となく陰気である。「ここだよ」、言われ、格子戸を開けるや否や、背中から水を浴びたようにゾーッと寒気がし、足がすくんだ。家の中にはポツンと暗い電球が一つ点いていて、部屋の中がボーッと見える。「怖い」と私が声を出したので、誰も入ろうとしない。父が手土産を持って近所にお伺いしたところ、やはり因縁のある家で、永い間空き屋だったのである。異様な死に方をした人がいたり、井戸の中から声がしたりして、人の住める家ではなかったのだった。

私は、このことがあってから、怪異談もあながち嘘ではないと思い、霊的、宗教的な物語を真面目に考えるようになった。その上、母には亡くなった人が昼間でも会いにくるのである。霊的なことに無関心でいられない体質なのかも知れない。その後、現在までに霊的体験は微弱ながらいろいろとあった。

〈教会〉　家主が敷金を返さないため、ひと悶着があって、ここを出発したのは夜半になり、どなたのお世話だったか、この夜は教会に泊めて頂いた。玄関の左側の部屋で、オルガンが置いてある。毛布とお菓子を出して下さり、頂いたクッキー?の美味しかったのも忘れられない。翌日には夕立があり、窓から眺めていると、前の道路は雨水が急流の如くである。坂の途中にあった教会のようであるが、後に訪ねて行ったが分からなかった。

お陰様にて大変助かった。

〈一力亭〉　翌日父が東中野の塔の山通りの、「一力亭」という寄席に合宿を決めてきた。一〇世帯以上の合宿で、子供達は私どもを含めて、男女一五名の賑やかさである。淋しい生活から急に陽気な所へきたので大喜びである。炊事は一力亭の前にある広い空地で、各世帯が釜で煮炊きをした。井戸は手押しポンプである。ここでも相変わらずのデマが飛び、簪《かんざし》の中に毒を入れ井戸を覗いて落とす、などと、まことしやかに伝わってきます。子供心にも芝居じみて聞こえ、おかしくなった。近くに塔の山公園があり、当時は森も大きく、人気《ひとけ》がないと怖いくらいである。古色蒼然とした塔も近寄り難い感じだった。

上京した軍隊が、時々二〇、三〇名くらいずつでこの一力亭に分宿した。兵士は外出できないのでよく遊んでくれ、私は剣付のバンドを締めて喜んでいる。興業主が借りると寄席の営業が始まり、芸人さんも泊まり、楽屋からは三味線の音も聞こえて賑やかで、当時六年生の次兄は太鼓叩きを頼まれ、大喜びで叩いていた。私達は寄席が終わるまで寝られないので、後ろの方で座って見ていた。

桃園第二小学校へ仮入学させて頂くことになった。

青梅街道左側の町並の裏はほとんどが田圃で、黄金色の波が揺れ、案山子が立っている。その波の先、遠くに校門が見える。三年級担当の男の先生は活発で大きな声である。生徒も皆元気で、特に一力亭通りにある「天狗せんべい」の前の米屋の息子さんが一番で、羨ましく見ていた。先生は「四条畷《しじょうなわて》」の歌を教えて下さった。ここでは、転校生の悲哀も少し味わった。

〈焼跡〉　ある日学校から帰ると母がいない。次姉に聞くと京橋へ行ったと言うので後を追うことにした。電車通りを新宿駅、四谷見附、半蔵門、日比谷、丸の内と行く。鍛冶橋にある人馬水飲場で鉄皿でがぶがぶと水を飲む。焼跡に辿り着くと、父と兄は土石を荷車に積んで整地をしている。母達は今帰ったばかりだと言うので、焼跡を見て歩く。掘立小屋にいる上級生の所で遊び、夕刻、父の小屋での夕食にサンマが出たが、それがとても旨かったのでそのまま小屋に泊まる。藁布団なので寝返りするとガサゴソと音がする。焼トタン張りの透間から空が見える楽しい我が家である。

翌朝、上級生が迎えにきたので学校へ行った。コンクリートの上に、黄色のテント張りで、床はアンペラ敷き、一五名位の男女が座っているが、顔が皆黄色になっている。斉藤先生に御挨拶すると、皆に紹介して頂き、慰問品の鞄、教科書、学用品をたくさん下さった。借猫から一変してお客様になったので、中野の一力亭へは戻れなくなった。この後、リンゴ売りをしたりもした。

整地も終わり、大工さんの手配もでき、家が建って、中野も全部引き上げ、ようやく元の生活に戻った。

三、水難

大正一五年（一九二六年）　小学六年生

夏休みになると、区内の各小学校の三年生以上が集まってくるプールが、相生橋の佃島側海岸にあり、七月末頃から八月二〇日頃まで、日曜と雨天の日以外は先生に引率されて行った。途中、佃の渡しに乗る。大正一四年頃までは、乗客は一銭（焼印）の木札を買って乗ったが、当時は無料になっていた。

プールが休みの時は、月島三号地（勝関《かちどき》五、六丁目）の海岸にある海水浴場へ行った。私設の休憩所が多く並び、屋号の入った旗や幟《のぼり》が昔の陣屋の絵のように賑やかである。たくさんの旗がはためいている中、「天運」というお店の大きな旗がことに目立った。

二号地と三号地の境目は木造の新島橋が架かっている。渡ると三号地で、海水浴場まで空地が続き、その草原には巨大なヒューム管や土管が置いてあった。

今日は三人連れで水浴にきた。無料の勝関の渡しに乗り、その後、今の勝関交差点へ出て右へ曲がると、じきに家並は切れる。道路は市電の柳島行きの月島終点になって、先は広々と海水浴場に通じている。終点の前（現在の地下鉄大江戸線のエレベーターあたり）にある酒屋さんで、いつも水を飲ませて頂いたこと、感謝している。

自分でお握りを作り、経木に包んで持って行く。家でもらった入場料の一〇銭は、途中でアイスクリームに変わってしまって海水浴場には入れないので、新島橋下の水路で泳ぐ。ここには筏や廃舟が繋留してあり、泳ぐ足場にするのだが、遊泳禁止区域なので見張りもした。

それまでも時々ここで泳いでいたが、舟の下がどんなものかと気になっていた。そして、今日はいつの間にか舟の下へ入ってしまっていた。真っ暗である。これは大変と、気が付き、仰向けになって舟底を蹴とばすが、煮た布海苔《ふのり》の中へ足を入れたようで、つるりつるりと足が滑る。四〇センチメートル位の海草や苔が生え下がっていて、体をうまく動かせない。息もだんだん苦しくなってきた。

このままでは死んでしまう。河童とは海草のことかと一人合点。とにかく、舟から離れなければと、体をくるりと回転させ、舟幅四メートルと目測し、斜め左下方へと泳いだ。五、六メートルは進んだと思った時、停止して上方を見たら、ボーッと光線が差し込んでいるのが見える。ヤッ、助かると小踊りして、浮上し、息の切れる寸前に空気を吸い込んだ。真上の太陽が水面に反射していたので幸いに生きて出られたが、夜だったらとても助からない場面だった。もう舟の下はこりごりである。

この、自動車事故、地震に続く第三回目の命拾いは、誰も見ていない所で一人もがき苦しみながら切り抜けたのである。

少年余話――富士登山　昭和五年（一九三〇年）

〈新宿駅〉　昭和五年八月、友人の薦めで二人で富士登山をすることを決めたが、前夜、その友人が突然、体の具合が悪くなったので、私は一人で行くことにした。人任せにしていたので何の計画もない。とにかく、行けば良いと気楽に考えて、三〇円入りの財布に単衣の着物、地下足袋を履いて新宿駅へ来て、大月駅までの切符を買った。和服の女子出札係りの方に「この汽車はすぐ出ますよ」言われ、慌ててホームまで駆けて、乗った途端に汽車は発車した。立川駅で鮨折り詰めを五〇銭で買って朝食にした。

〈吉田口〉　大月駅で吉田行きに乗り換え、吉田で下車したが、富士講中の話しか知らないので山頂を見つめて歩いて行く。前後に一人も歩いていない淋しい道である。しばらく行くと、馬を引いている人が近付いてきて、乗らないかと尋ねる。何か怖いので断ると、馬の餌代を稼がせてほしいと哀願調になって、二円五〇銭以上は請求しない。

〝馬喰らいの牛五郎（赤穂浪士伝の悪人）〟ではないと言うので乗る。最初は手綱を持っていた馬方は、私が慣れた時分を見計らって手綱を放すが、馬が馴れていてうまく乗せてくれる。馬方はあれが河口湖と、ずっと下方に在る湖を説明してくれる。馬はすぐに道草を食べるので、ことわざの「道草を食う」を思い出して、なる程と合点する。私もいつしか馬に慣れて怖くなくなる。

馬返しに着いた時など、もっと乗っていたいような気持ちだった。この時の思わぬ経験が、後年役に立っている。

〈登山〉　馬返しでござと杖を買い求めて登る。八月一〇日とはいえ、まだ賑やかである。休憩している人々を横目に見て、急ぎ登って行く。これも未経験の旅の愚で、家に帰ってから後悔した。八合目まで一気に登ると日暮れ時。室《むろ》の人々は、「兄ちゃん泊まって明日の朝、登りなよ」と呼ぶが一目散に行くとすぐに夕闇となる。

前後誰一人いない道であるが幸い履き捨てた草鞋が道案内してくれる。それを頼りに急な道を行くと、雲が掛かって雨が降ってきた。鎖を伝って梯子のような道を上ると、雲が去って月が見える。

幽かに小鳥居が闇の中に浮いている。あそこへ行けば何かあると勇んで行くと、頂上の室があった。室は一泊二食、二円五〇銭である。昼食抜きなので晩飯が旨い。隣の部屋で高山病になった人が寝ている。

〈頂上〉　御来光を拝むので暗いうちに朝食を済ませて外へ出ると、夜間登山者が続々と上ってくる。私はその前に登ったので誰にも会わなかった。今朝は雲海である。布団綿のような感じの下界から太陽が昇って一瞬のうちに明るくなる。拝み終わると静寂の山頂は人々が動き出して賑やかになった。私もお鉢回りをして火口へ降りる。湧水（金明水）一盃三〇銭で頂く。地熱が上っていて付近の土は暖かい。

〈下山〉　買った絵図面を見ると下山は須走口《すばしりぐち》が何か楽そうなので須走口へ下りる。途中、何となく勢いがついて駆け出す状態になってしまい、危険なので道へ倒れた。それからまたしばらく行って、懐の財布がないのに気付くが、取りに登る気力はない。まだ一〇円札が二枚入っている。諦めはするが、意気消沈。御殿場で方法を決めようと力なく歩き出すと、後ろから来た、登山帽にリュックという現代登山姿の方が私に財布を出して、あなたのだろうと言ってくれたので、思わず土下座して涙を流し、お礼を述べると、その方は素早く下山された。翌朝、家で目が覚めるまで足腰が立たず。二日間寝てようやく治った。休憩者には完全に負けた。

四、熱病

昭和五年（一九三〇年）一五歳

扇風機が手軽に買えない時代である。暑いので北と南側の窓を開けたまま、寝巻も着ずに寝てしまった。夜中に寒くて目が覚めると、ゾクゾク寒気がする。薄布団を掛けても暖かくならない。朝になって体温を計ると、三七度五分。風邪をひいたと感じる。体がだるいので起きられない。食物は、苦く感じられてのどを通らない。そのうちに、汗がどんどん出てきて、頭もズキンズキン痛む。往診の先生の下さった水薬だけが旨い。夕方は三八度以上になっていた。

氷枕と氷嚢《ひょうのう》の両方で冷やすが、汗が多いので水ばかり飲む。やがて熱は四〇度になった。頭は割れそうに痛く、食欲はなく、意識は朦朧《もうろう》となり、生死の境に入った。約一週間後、骨と皮ばかりにされてようやく死神から解放された。熱は毎日一度ずつ下がり、二週間後にやっと立てるようになった。

兵役余話（一）　昭和九年（一九三四年）兵

〈徴兵検査〉　当年二〇歳になる男子は、国民義務の徴兵検査を受ける。基準の体格は約一六〇センチメートル、六〇キログラムを甲種、以下、第一乙種・第二乙種・丙種に区別される。甲種はほとんど現役兵として陸・海軍に二、三年間入隊する。乙種は短期教育入隊もある。私は昭和九年七月に京橋区役所で麻布連隊区検査官に受検した。自動車事故やその後の怪我で、身体各部の働きが不完全のため甲種合格はないだろうと安心していたが、四月頃から急に太りだして、七月には六二キログラムになり、不安であった。私の前の人は女性用パンツをはいて盛んに悪い箇所を強調して、如何にも甲種を逃れようとしている。肉付が良くないのでその願いは叶ったかも知れないが、私は目方があるので、何を言っても駄目。お前の目なら見えるとか言って、聴く耳を持たない。結果は、甲種合格の判を押された。入隊して分かったのであるが、京都の師団から増員を求められていたのだった。

目方で買われた私は入営することになった。整理上では検査年の昭和九年兵と呼ばれ、序列上では初年兵（二年兵・三年兵）と呼ばれる。

〈学習〉　福知山歩兵第二〇連隊留守隊から案内状が届いた。連隊は今、満州（中国東北部）へ派遣されていて、九年兵は一二月一日入営し、満州へ派遣される（満期除隊した七年兵の補充である)。隊内の生活やその他、安心するよう、丁寧に記してあった。私の地区の在郷軍人会は入営兵の指導のための学習や、部隊の見学も行う。赤坂区桧町の東京歩兵第一連隊(旧防衛庁跡地)も支部長の御案内で兵営の状況、体操場、浴場、庭園、池等を見て、中隊の兵舎に入り、起居生活の実態を見学。あいにく、中隊は演習中で、留守番の兵士等が、軽機関銃の射撃要領を示してくれた。終わって、営門を出て右へ行き、近くの乃木神社に参拝した。御祭神様は乃木希典将軍で、秋月・西南の役を経て、明治一一年一月に東京歩兵第一連隊長。明治二七年に歩兵第一旅団長で日清戦役、明治三七年には陸軍大将となり、日露戦役に第三軍司令官として従軍され、その忠節の御最後は、当時内外の賞賛する所だった。活動写真で、乃木将軍の御最後の場面に星が落ちるのだが、私は、偉い人が死ぬと星が落ちると大人に説明した。小学校唱歌、書籍、活動写真、浪花節、講談、その他によって知らされ、少年達は乃木将軍をとても偉い人と思っていた。

当時は、国のために死ぬのは名誉とされていて、死は止むを得ないが、辛いしごきに耐え兼ねて軍隊から逃亡すると、親兄弟の恥となるので、逃げ出さないですむようにと神仏の御加護を願った。市井の一市民、しかも家業の手伝いで、重労働をしたこともなく、荷物を背負ったこともない者が、突然に引き上げられ、この世の地獄とも恐れられている日本軍隊に、何等の予備知識もなく入隊するこの不安は、ただ、神仏に縋るより他に方法は私にはなかった。そのための信仰に入った。

まず腕の力を付けようと、六貫目（二二・五キログラム）の物を両手で差し上げる。次に片手で上げる。これが出来たので、次は一二貫目（四五キログラム）の物を両手で差し上げるのであるが、仲々上がらない。無理に上げると、体が熱っぽくなったので、一度で止めた。夜、柔道道場へも通うが、幼き時の輪禍で右拳が肩に付かないので、相手に投げられるばかり。小学校で懸垂の出来なかった訳もこれで分かる。何事にも、再三の怪我のハンデが私に付き纏う。握るのも、小指の怪我で、人並の働きをするには、一・五倍の力が要る。

〈軍人勅諭〉　野戦重砲兵の長兄は、軍人勅諭を暗記せよと教えた。在郷軍人会より買った歩兵須知という予備知識本の冒頭に載っている。長い文章で、神武建国より明治建軍までの経過と、軍人の心構えが明示されていて、日本軍人には必須の暗記文である。読誦約一五分。私はこれを七つに分けて、寝る前に二分間分の文章を歩きながら暗誦する。途中に清正公堂があるので、お詣りして、お題目を唱え御加護を御祈願する。未だ仏教のことはよく分からないので、ただお題目を上げるのみだった。お題目と勅諭を専唱して歩く。この時は何も知らなかったが、無我無心での行、絶好の修行をしていたのだった。七日間で一応暗記は終わったが、暗記と唱題行は入営出発まで続け、その後は自然に唱えていた。今思えば涙の出る程、有難い修行を与えられていたのだった。もちろん、今の道路事情や世情では危険な行である。

〈出発〉　一一月二八日、晴天。東京駅まで、軍人会、婦人会、町会、親戚の方々が行列して幟や旗を立てて、「ここは御国を何百里」と唄いながら行く。駅前で最後の御挨拶をして特急つばめ号に乗る。義兄が名古屋まで同行して下さる。晴天なので富士山はくっきり見えて、登山のことなぞを思い出す。浜名湖を過ぎても、私を見送るように富士山が見える。名古屋で乗り換え。名古屋城が見たくなった。城へ着いたのは夕刻で、人影もなく寂寞とした城域に佇んで居るうちに日は暮れて闇が迫る。清正公様縁りの城を眺め、地を踏ん居る。白壁が浮いて見えた。駅へ戻って鳥羽行きに乗り、九時頃宇治山田へ着いて一泊。

皇太神宮（伊勢神宮）
（昭和９年11月29日、私が防人《さきもり》（兵役）に就くことを報告し、任務達成の祈願に参拝した内宮御神前）

〈伊勢〉二九日、晴天。旅館を出て、近くの外宮に参拝し神域に触れる。身は引き締って大神様に御加護を祈願して、内宮へ電車で行く。宇治橋を渡れば厳かな神域に入る。神々しい雰囲気に無心となって歩む。五十鈴川辺で手を洗い、神殿を拝し跪《ひざまず》き、今、日本国の防人《さきもり》となって外国へ赴く私に任務の御加護を奉請し、日本国民と生まれた身の有難さに感激の涙と殉国の決意を胸に拝んだ。

山田駅より汽車に乗り夕刻京

豊受大神宮（伊勢神宮）
（参拝し、報告と祈願をした外宮御神前）

都に着く。桃山へ戻り御陵を参拝して防人と殉国の御報告を申し上げる。御陵前の乃木神社へ参拝して改めて御祈願して京都へ行き、泊まる。

〈京都〉　三〇日、晴天。京都巡拝バスに乗る。歴史の都、山々を見ても、仏教・藤原・源平・戦国の世が一遍に押し寄せる。本願寺から始め、府内の各名跡を巡拝して、平安神宮で昼食。午後も各所を巡り、東山付近を通ると、九月の台風で倒壊した小学校が無惨な形で見える。先生も殉職されたというガイドさんの説明で黙祷する。伏見のお稲荷さんで、暗くなった。鳥居の多さに驚く。夜、福知山へ。

〈入営〉　福知山駅に、個別の切符で来た者は申告と書いて有ったので申告して、指定の「せとや旅館」に入る。すると京橋区の者が、お前は逃亡者になっていると言うので急ぎ引率者に到着の報告をする。遅かったが、夜食を出してくれた。同区出身者達の中へ入って休む。ほとんどの者は団体で来たらしい。

一二月一日、晴天。午前八時。福知山歩兵第二〇連隊営門を入る。広い営庭の両側に二階建の兵舎が並んでいる。営庭に整列して第八中隊に入った。私は左側兵舎の二階の第四班（二五名編成）となる。窓からは、突出したような山が見える。大江山よと二年兵が説明する。百人一首は未だ知らなかった。

諸検査を終えると、新品の軍服を着る。銃も装具一切真《ま》っ新《さら》である。襟に付いている鍬形の赤、襟章（歩兵印）は高女生が付けたと何やら甘い話で、二〇連隊の悲恋歌を思う。軍服を着ると、すぐに営庭へ出て、まず不動の姿勢、「気を付け」の号令を掛けられる。挙手の敬礼、徒歩行進、団体行進と課程はどんどん進んで行く。初年兵の約半数は中学校や青年学校（夜間軍事教育）で習得している。三日目は銃を持っての諸動作。熟練者の間に入るので見よう見真似で、何とか格好は付くが、あまりの格差でとても付いていけない。熟練者達は銃の手入れもテキパキとしている。初年兵は京都府出身と東京・埼玉出身の半々で、言葉の差もあり、色々賑やかだった。ともかく、六日間で銃剣術、射

昭和９年12月　延吉兵営入営当初

撃等一応終わった。

〈派遣〉　一二月七日、晴天。いよいよ満州へ向け出発。第二大隊は午後の汽車になった。黒板に、行先は局子街（延吉）と書いてある。営門を出ると、門前から駅まで、小国旗を振って万歳万歳と歓送する人々が並んでいた。軍用列車は福知山駅を発車する。夕刻京都到着。京都府出身の方々は、ここで縁故の人々に歓送される。万歳万歳で発車し、夜の山陽線を走り、翌朝広島駅で下車し、約一五名が民宿となる大きな家へ入る。久しぶりの白い御飯に家庭料理が旨い。外出が出来ないので雑談会である。

九日、晴天。銃に潮除けの白帯を巻いて宇品港（現在の広島港）に向かう。沿道もまた、歓送の人々の万歳だった。宇品港埠頭に着くと、ここの近くに貨物船の満星丸が停泊しているので、目的船と感じた。午後乗船する。だが艀《はしけ》が手漕ぎなのに驚く。予算や失業の関係も有ろうが、今時、軍用大型艀船にエンジンが付いていないとは。

〈出航〉　午後三時、宇治港を出航。私達の寝場所は船倉に三段に仕切られて、その二階に取付梯子で上る。座っても頭が天井（三階の床）につかえそうで檻の中へ押し込められているようだ。その代わり横になっていられる。海を見たくなったので甲板へ上ると、兵士で一杯、座れる場所を見付けて眺める。瀬戸内海の島々や、両陸の山々をば日本の見納めかと、脳裡に刻み込む。食事時と気が付いて下へ降りると、船倉で兵士が大勢集っているので何かと中を覗くと、上衣を脱いだ長身の兵士が、軍靴で床を叩いてタップダンス?を踊っている。その拍子が軽やかに響く。聞けば日本劇場の有名ダンサーのO氏だった。思わぬ演技に見惚れてから、寝場所へ戻った。

〈玄界灘〉　今夜の食事当番者が、一〇名一組分の食膳を受け取って来て配膳しているので、礼を述べて座る。当時は飯櫃に白い御飯が一杯入っていたので満腹になり、明るくない電球の下で参考書を読んで居ると、「軍歌演習」と号令が掛かった。分隊全員は、軍歌の小本を持って甲板に上り、一部に陣取る。小常夜燈の暗い光に、本を当てる。東京を出発して以来、次々と出会う別世界にまたも会う。今、玄界灘を進んでいるので有ろうか、黒い海原を船首波のみ左右に切り開いて白く光る。その他は何も見えない。空は星月夜である。仰げば北極星が燦として神秘の光を放ち、七つの星は護るが如く連なっている。ああ北斗七星！　初めて見た、しかも名にし負う玄界灘！　私は一瞬、原始の世界に入った。思い掛けないこの光景に巡り会えた感激に震えて私は立ち尽くす。あの星の下は朝鮮。古人達はこの星を頼りにして夜の海峡を小舟で行き来したのであろうか。今、私もその航路を行く。

分隊長のO伍長が大きな声で音頭を取り、軍歌演習が始まる。まずは「歩兵の本領」〝万朶の桜か襟の色〟のメロデーは、メーデー歌のようで何か変だったが、四月頃、教官が新京兵営で示した陸軍学校の唄い方は、歌詞の一句一句の語尾を力強く切る抑揚の全然違った唄い回しだった。

次から次へ軍歌を唄い続ける。知らない曲も熟練者達に合わせて何時の間にか覚えた。中でも〝義勇奉公四つの文字〟で始まる「噫、中村大尉」は、歌詞の中に北斗星が入っているので、感傷的になり特に早く覚えた。
払暁、まだ薄暗い海上に大きな島が現れる、その近くを航行する。津島かと思いつつ眺める。

〈釜山〉　一二月一〇日、晴天。夜が明けてしばらく進むと水平線上に幽かに山が現われた。ああ朝鮮だと心は躍る。昔の人の喜びを私は追体験している。まして当時は生死を賭した舟旅、私は歴史上の人物になっていた。一〇時頃、釜山港に停泊。上陸して高台の公園で汽車待ちの大休止。この間に多量の予防注射が二回あり、腕や胸部が痛む。駅に着くと線路の幅が日本内地のものより広い。大陸と連続しているので汽車も大きい。
途中の眺めは木のない山が続く。昔の戦禍が今も尾を引いているようで悲しい。京城（現在のソウル）では大勢の見送りを受けた。平壌には夜半に着いたが、多数の小学生が婦人会の方々と並んで小旗を振って、万歳万歳と歓送する。こんな時間にと、気の毒に思う。朝鮮の子供達は車窓に近づき喜々としている。

〈安東〉　一一日、晴天。朝霧に包まれた鴨緑江の鉄橋を渡って安東駅へ着く。多数の方々がお出迎えして下さる。朝弁が出て、被っている赤い軍帽が、毛皮の付いた防寒帽に換えられる。鴨緑江といえば私の少年時代、大人達が唄っていた〝此處は朝鮮北端の二百里余りの鴨緑江、渡れば怖し（正しくは広漠）南満州〟という歌詞から、その地名を怖く思っていた。馬賊の話や映画の悪役が被っている黒いお碗型帽子の国、満州へ入った。

兵役余話（二）　昭和一〇年（一九三五年）　関東軍

〈新京〉　満州へ入ると、関東軍司令部の隷下になる。内地より一時的派遣なので、満州派遣軍とも言う。軍用列車は安奉線を進む。山岳地帯で、日露戦史に出てくる地名が駅名になっていて、先輩達の苦戦が偲ばれた。

一二月一一日、今日も晴天。午前中に山岳地帯を抜けると開豁地《かいかつち》になり満州の大平野へ続く。やがて奉天（現在の瀋陽）通過、鉄嶺、四平街と進み、午後、新京（現在の長春）駅に到着。市長さんが来るので駅前に整列して待つ。客待ちの馬車がたくさん並んでいる。客が乗ると、馬に付けた鈴飾りをリンリン鳴らして走る。御者は中国衣裳で、毛皮の付いた帽子や靴を身に付けている。荷馬車からは、馬の尻を叩くような動作で、長い革の鞭を空中でパンパン鳴らすときの掛け声がイヨッイヨッと聞こえてくる。駅へ出入りする人々も毛皮襟の外套や中国服、例の黒腕型の帽子を見て一瞬ハッと緊張。子供の時の体験が深く影響するのに驚く。異国の情緒に胸躍らせていると、市長さんが見えて我々の到着の歓迎と犒《ねぎら》いの言葉を述べて終わる。

連隊本部の建物へ向かう。市内に在る給水塔など物珍し気に見ながら団地のような所を抜けると、桑名部隊の大看板が目に付く。営門を入ると夕闇が迫ってきた。営庭に初年兵全員が整列した。正面の本部建物を挟むように両側は四階建の兵舎である。軍旗と連隊長がお出になった時もう暗くて見えない。

「捧げ銃《つつ》」の号令で軍旗遙拝し連隊長の訓示で入隊式は終わった。暗い営庭で飯盒食。後、新京駅へ行く。

〈延吉〉　新京駅より再び軍用列車で夜の京図線を走る。夜が明けると薄霧の中に大きな河が光って見え、手前の市街も古色蒼然と密集している。省都吉林である。山並の続く沿線を眺めつつ、夕刻延吉駅（局子街）に着く。兵営は駅より約一キロメートル先。村川部隊の看板と、上にはためく日の丸を見て営門を入ると、夕闇になった。この兵営は、元は吉林軍兵営で、連立している隣の兵営には満州国軍が駐屯している。第二大隊本部と、第五中隊と重機関銃中隊は、二キロメートル先の北兵舎である。

兵舎は南向きに並列し、南より第六、七。八中隊と入った。私の第八中隊第二班は、第一班と共用で、最北の兵舎である。平屋建、東西の両妻が入口。部屋の中央が土間で、石炭ストーブ二個と六尺（約一・八メートル）机と木製長腰掛が置いてあるので狭い。両側は外焚きのオンドルで、腰を掛けられる高さにアンペラが敷いてあるのが寝場所となり、片側約二〇名寝られる。オンドルは暖かい。東半分は第一班、西半分は第二班、西入口に班長室がある。一班に教育助手上等兵二名、勤務要員二名。他の二年兵は、延吉北方山岳地帯警備のため、百草溝付近に駐屯している。

新しい軍服と装備のピカピカ初年兵が入って来たので、二年兵達は真っ新やなーと眺める。見れば二年兵は銃をはじめ、持ち物全部使い古しばかり。一〇〇Wの明かり二燈では薄暗いが粗が見えないので助かる。

営門前の主道の南側に巨木のポプラ並木があり、それを越すと演習場でそこで教練などが行われ、日満両軍が使用します。南方の突き当たりは低い山並で、下を京図線が走って、延吉駅がポツンと一つ開豁地の中に建っている。機関車には鐘が付いていて、走るとカンランカンランと鳴る。踏切りの立札には小心火車（汽車に注意）とある。遠くの踏切りには、公共汽車と記してある満員のバスが、竜生村方面へ行く。ポプラ並木のある主道は交通頻繁である。馬車、荷馬車、行商等、通行者が絶えない。小果実に飴を塗って、団子状に串刺しにした物を藁木にたくさん刺して担ぎ、「タンホール、タンホール」と声を挙げて行く。旨そうなので横目に見るのを、待っていたように上官に見付けられて、駆け足させられる。

昭和10年3月　厳しい教育を受けていた頃

兵士の諸動作訓練と並行して銃剣術も習う。始めは

機関車の次の客車は吹き飛んで、二両目の客車が機関車に乗り上げている

銃剣であるが型に慣れると防具を付けて突き合う。突け、突けと号令を掛けられ刺突の練習。少したるむと、そんなことで人を殺せるかと一喝される。こんな厭な言葉はない。ああ軍隊は地獄ぞと痛感する。殺人集団である。でも逃げ出せない。

私は喇叭《らっぱ》手のM一等兵と戦友（隣に寝る者）になっていたので用事はたくさんあり、酒保（売店）に湯豆腐（三銭）を買いに行かされることもある。初年兵は未だ酒保行禁止になっている時で、古い飯盒を持っていることもあって、誰の目にも二年兵の使いと分かる。お金はもらって来ないが、買った後で、自分用の生菓子を一包（一〇銭）買う。だが禁止中なので、食べる所がない。外へ出て暗がりの中に人目を忍んで歩きながら呑み込む。自分の現金出納帳に付けられない金なので、写真（一円）を撮ったことにして書く。楽しい酒保行である。

〈国境の町〉　日曜日には、二年兵達が中隊事務室からポータブル蓄音器を借りて、班内でレコードを掛ける。歌謡曲、浪曲、民謡等があり、我々は動いていても耳には入る。入営前、多忙のために聴けなかった「国境の町」を辛いこの生活の中で初めて耳に入ったので望郷の思いが一層身に沁みた。

私達の兵舎の裏は、幅四メートル位の川が東へ流れているが、今は凍っていてスケートも出来る。私は転んで両肘を強く打ち、痛い目に遭った。兵舎側の岸が少し高いので、北側の延吉市街と後ろ三方の山々がくっきりと遠望出来るので、日曜日は暇があるとここに立つ。兵舎入口のドアが開いた時、流れてくる「国境の町」のメロディー。聞くは異国辺境の地。名曲名詞が身に沁みて劇中の人となって陶酔境に入り、望郷の念に浸るのが唯一の楽しみだった。その後で好きだった人を思う。

〈昭和一〇年〉　正月休みで、酒、肴、菓子、みかん、煙草、慰問袋を次から次へともらう。日頃の辛いのも忘れてのんびりする。京都府からの慰問袋には日用品の他に祇園さんのブロマイドと八つ橋が入っている。御礼状を書いて出す。レコードを聞きながら家から送ってくれる東京の新聞もゆっくり読んで、三箇日を過ごす。四日からまた酷しい訓練である。

〈鳥の合戦〉　演習場へ出ると、急に空が暗くなった。見上げればカササギと雀の各二〇〇羽位の大群が横隊になって向かい合い突撃していた所だった。突つかれて落ちてくるのも数々あり、掛け声がギャアギャアギャアギャアと騒々しい。我々の演習を見て真似をしている訳でもない。何の縄張り争いか、残飯捨て場の取り合いかとも思ってみたがまた思案する。

同時刻・同場所にて双方が一族を率いて会戦するには、敵に何か申し入れしてあるのではないのか、仲間を集めるには最高指揮官が居るのか、まさか雀に第〇連隊第〇中隊などあるはずはない。それとも夜明けは毎朝、一族集合して点呼をとっているのか。偶然の遭遇ではないと思う。また、一族を集合させるには傳令もいる。交戦の通告、場所の指定、開始の時刻を合わせる。一体これはどうなっているのか、演習中も自問自答。やがて双方疲れたのか、同時に左右に別れて引き揚げて行った。徹底的に勝負はしない。演習の帰りに見ると、双方共、元の小群に返って別に争いもせず飛び回っている。一日中不審だった。

〈銅仏寺〉　三月に、一泊行軍で延吉兵営を出る。朝陽川駅付近で演習して昼となる。暖かい日差しを浴びて野外食。目的の銅仏寺の街へ入ったのは夕刻だった。暗くなってから、割り当てられた民家に、私の分隊一五名は入った。片側だけのオンドル床で、銃器の手入れをする。ローソクの光でも明るい。

暗い家の入口から少女が目隠しした牛を引いて家の中に入り、私共の前の小部屋へと入った。何かと思って覗くと、少女は小棚に在る油小皿に明かりを灯す。ほんの幽かな灯でもないよりましで、部屋の中が薄ボンヤリ見える。仄かな光に浮かぶのは、目隠しされた牛が石臼を回すため、尻を叩かれて回っているところ。地獄の責め苦に遭っているような気がした。奈落の底に居るようである。私が地獄へ落ちれば、このようにされるのかと想像して、呆然としているのを見て、少女もまた呆れた顔で私を眺める。

〈重擲弾筒〉　入営時に、連隊砲（山砲）、大隊砲（歩兵砲）、重機関銃は、各中隊別になって教育される。軽機関銃（小脚付）は中隊内で入営時より教育する。その他は歩兵としてのひと通りの教育が終わった後、または教育中に特業を習得する。特業には八九式重擲弾筒《じゅうてきだんとう》、戦車攻撃、鉄条網破壊、瓦斯消毒、手旗通信、師団通信（転出）、喇叭手、衛生兵、事務助手、炊事、馬扱い、銃工、靴工、縫工（工は修理）、指揮班（戦闘間、中隊と大隊本部の間に点在して命令等を逓伝する）等があるが、私は重擲弾筒を習う。

紀元二五八九年（昭和四年・一九二九）制式で、以前に有った手榴弾発射用の擲弾筒よりも、大きいので重を付けたらしい。八九式榴弾、その他を使用する。全重量は、革製覆い袋とともに約四キログラム。

操作を簡単に説明すると、榴弾は鉄製で、直径七センチ×一二センチ（数字は全部私の記憶であるが……）の飲料缶を砲弾型にして尖頭部の直径二センチの所で削ぎ、鉄の蓋を捻じ込んである。出動中は蓋を外して、真鍮製で高さ三センチ円錐型の瞬発信管を捻じ込む。瞬発信管は着弾時、または発進中に地物に触れると、信管内尖端の針が榴弾内の起爆装置を突っついて爆発させる。危険物なので信管中央にピンを刺してある。

〈射撃〉　まず安全ピンを抜く(以後は先端に触ると危険)、榴弾を静かに筒の中へ入れる。筒は厚さ約三ミリ、口径七センチ×約三〇センチの鋼鉄製で下部は蔕《へそ》状で、筒底部の中心に支柱(三五ミリ×三〇センチ)を捻じ込み接続し、支柱の内部にある螺旋状の発条筒が筒底を貫き、その先端は榴弾受けとなる。

　支柱の下部は駐板・厚さ約三ミリの鋼板(約一〇センチ×二五センチ)で一〇センチ面は、円周角度の約三〇度に湾曲している)に固定してある。支柱内の発条筒の中には、下部に強力発条(バネ)とその上に撃針が載っていて、発条との間にバネ止めに引鉄が付属してついている。合間には引金(引鉄)が入っている。引鉄には約七センチの引革(留条)があり、右手で手前に引くとバネ止(引き金)が外れて、バネは上部の撃針を強く押す。撃針は発条筒の上に載っている。榴弾の底部(発射火薬室)を押すと火薬は爆発する。巻いてある幅一センチの銅製帯が、爆熱のため、榴弾に筒内に刻んである腔線に密着して、右に捻ねられる状態で直線を保って飛び出し、目標に向かって行く。

　例えば目標三〇〇メートルの場合は筒底と支柱の接続部にある転輪(縦約三五センチ、横二五センチ円筒状)を右手で回すと、ギアの噛み合いで発条筒は上下します。支柱の表面に刻んである距離の目盛に引金の位置を合わせて留条を引くと、前記の如き発射となる。榴弾の筒内位置が最低の時は約七五〇メートル、最高の時は約二六〇メートルの弾着となる。筒は左手にて四五度を保って押さえ、中心を目標に合わせて右手で留条を手前に引くと榴弾は発射する。

〈使用弾〉 八九式榴弾、一〇年式曳火手榴弾、赤吊星（赤竜）、黒吊星（黒竜）、発煙筒等があり、吊星は小パラシュートに吊してある火薬から赤・黒の煙がたなびく。

発射の際、駐板は耕地だと一〇センチ位土の中へ沈みます。駐板の当て物は、敵状によっては持ち歩けない。土の中へ入った駐板は両手で持ち上げて泥を扱くのも敵の中である。

駐屯地移動の場合は、覆革袋の中に入れて歩兵通常軍装——約三〇センチ×三〇センチ×一〇センチ（馬、牛の毛皮張り）の箱に外套を三つ折りにして巻きつけ、上部に一人用天幕（一メートル×一メートル・支柱入）を外套の前方に付ける——の上に重擲弾筒を括り付け、榴弾一〇発入りの弾帯を腰に巻き、三八（明治三八年）式歩兵銃を持ち、剣帯（バンド）前部に装着の弾薬盒（皮小箱）二個に三〇発ずつ計六〇発を持つという重装備になり、山道を登る時は錘りとなる。私は、一人分の食料では足りないので炊事当番に煙草をやって、捨てているお焦をもらって凌いだ。私の中隊の場合、一個小隊に二名の正規筒手が居るので中隊で六筒となる。私は小隊長付の伝令となる。

長くなったが、次の経過に付いて回る武器なので説明した。この後、恐ろしい話を聞くことになる。

〈検閲〉　三月二〇日、重擲弾筒手教育終了となった。次いで、三月二五、二六日は連隊本部の教育検閲が行われるので、各中隊は仕上げ作業に入る。一から一〇まで丁重に基本動作、分隊訓練及び各自が戦場で適用する分業を連隊の検査官が検閲する。試験場は慣れた演習場なので、重々しい空気でも無事終了した。翌日、我が大隊は新京の第三大隊と交代する命令が下った。

〈移駐〉　百草溝方面に散在している第六、七、八中隊の二年兵は延吉兵舎に集合したので、我が班内も倍近い人数となり騒々しい。荷造り作業や整理でゴタゴタしている中で、私は交換したばかりの新しい戦闘帽を盗られてしまった。犯人は遊びに来た他中隊の二年兵らしいが、どの中隊か分からないので取り付く島がない。引越しのどさくさと

昭和10年4月5日午前、延吉を出発する第三大隊
（機関車の次は木板張り客車、二両目から鋼板張り）

はいえ、班内では帽子は自分の席へ置く規則なので、私に落度はない。元初年兵教育係助手のO上等兵が方々探してやっと古い汚れた戦闘帽を見付けてくれた。中隊の予備品は梱包して駅に在る。被服係の曹長は、私が汚い古い帽子を被っているので折角新しいのと交換してやったのに何で盗られたとビンタを下さる。無念残念、延吉最後の苦い思い出である。引越しの梱包が終わると何もすることがないので、気楽な日を二日ばかり送って、四月五日午前八時、兵舎を出る。

〈哈爾邑山嶺〉　四月五日、第二大隊は、第三大隊と交代して新京へ移駐するため、延吉兵営を出発した。明月溝なる風流な駅名に沿線の風景を併せて眺めていた時、突然ドッスン、ガッタン、ガタガタガタンと異様な衝突音が伝わり、棚の上の背嚢《はいのう》がドスンと落ちてきて軍用列車は停止した。

何か有った。敵襲か、銃声はない。銃を持って外へ出ろと、号令が掛かる。急ぎ支度して昇降口から跳び降りて整列すると、重機関銃一個分隊が目前の丘を駆け上って行く。折柄冷たい北風が吹き出す。暖かい車窓内を恨めしく見上げる。敵襲の気配はないので、やがて車内に戻れた。だんだんに様子が分かってくる。右側窓下には急造担架で負傷者が次々と後方へ運ばれて行く悲惨の光景が見える。

先行の定期列車の後部貨車（原木積載）二両連結が切れて下降し、軍用列車に衝突と判明した。この衝撃で機関車は脱線し、次の客車は鋼板が張ってないので、車両部を残して、乗兵諸共飛散した。負傷者記帳は四十数名。死者一名の大惨事。負傷者談では、ドンという衝撃音と同時に明るくなり気絶したようだ。乗っていたのが兵士達なので、身支度が良く、大事故の割には負傷者も少なかったとのことだった。

この辺りは上り斜面が急なため、汽車の速度が遅いので、誰かが跳び乗って連結器を操作して切り放したらしい。暖房がなく、夜になって車内が冷えて寒くなってきた時、敦化からの救援列車が到着。乗り換えると、車内売子の箱に珍しや森永キャラメルが有ったので二〇銭で買う。夕食の弁当にもあり付き、昼間の事故の疲れにぐっすり眠る。翌日午前一〇時、新京着。桑名部隊へ入る。

家から送ってくれた東京の新聞には蒲部隊（第一六師団）の部隊の事故と掲載されてあった。

兵役余話（三）――新京　昭和一〇年（一九三五年）

〈新京兵営〉　桑名部隊（二〇連隊）コンクリート造りの四階建兵営に、併立する赤煉瓦張り木造二階建兵舎群に第二大隊は入る。連隊兵営には、第一大隊と憲兵隊が入っている。一兵舎は、中央が防火壁で仕切られ、左右に一個中隊ずつ入居。第八中隊も将校、下士官、二年兵が合同したので班替えをする。私はO軍曹の第四班に入る。二階で班内は明るい。標準型の造作。中廊下の両側に一班、入口の要として先任上等兵の寝台、次は初年兵の私、以下二年兵と初年兵が二人ずつ並び、ペアの兵を戦友と称した。

初年兵は戦友の分まで、銃器、被服、靴等の手入れをするので忙しい。これが出来ないと怠け者とされ、持ち物を全部検査されて手入れが不充分だと、ビンビン顔を張られる。三〇名位の班員のうち、半数は二年兵なので眼が多いからやりきれない。初年兵の動作を一いち監視して気に入らないと、文句を言われるか殴られる。

寝台の後ろは整頓棚で、上段は背嚢箱、替服、替下着、外套、防毒面、赤い軍帽、鉄帽等で、下段は教本、私物入れの手箱、私物包みを置き、棚の下は剣、弾薬盒二個付きのバンド、雑嚢（布カバン）、水筒、食器袋、エンコ袋（ブラシ類、油脂類、兵器用手入具入り）が下げてあり、編上靴は寝台に下げる。

銃を立てると否応無しに底部の鉄板止めねじに泥が喰い込む。そんな砂粒の一片でも見落すと大変。寝る前に検査され見付かると陛下の銃を粗末に扱ったと、捧げ銃で銃に謝り揚句はビンタ、一事が万事である。

〈戦友〉　私は、元初年兵教育掛助手、現伍長勤務の上等兵O氏の戦友になった。後に、連隊の幹部候補生（初年兵のうち、中等学校以上の卒業者で、連隊の試験に合格した将校候補生）の教育助手になった優秀な先任上等兵である。班内取り締りの責任上、態度は厳しいが、私は密かに彼のことを尊敬していた。

延吉兵舎内で夜、歩哨（立番兵）の夜間誰何《すいか》（例えば弾薬庫の歩哨が夜間に不審者を認めた時に、銃を構えて引金に指を掛けて、誰か誰か誰かと三回問うも、相手が応当しない時は発射してもよい危険なものである）の演習をした時、O上等兵は見本を示した。その声で隣の下士官室からT軍曹が出て来て、今誰何したのは誰かと尋ねる。O上等兵の声と分かると、流石と感嘆して立っていた。延吉では教育され、新京では戦友となった私は、その一挙一動を脳中へ深く刻み込むことが出来た。今で言えば戦友のコピーになれたのだった。この時は分からなかったが、後に大変役に立った。

兵舎の裏側に鉄道線路の引込みがある。我々も何時かはここから出動するのかと恐怖の思いで見る。後に雑誌の記事で、満州事変のため、日本より長春の部隊にこの線で重要軍用物を隠密に運んだらしいと分かる。

〈演習〉　兵営の裏門を出るとすぐ南満州鉄道の線路である。踏切を渡ると、三宅牧場の放牛がいる。ここからは開豁地で演習場になっている。教練をやっている時、近くを新型特急亜細亜号が走って行く。思わず見惚れて、ああ、あれに乗れば日本へ帰れる。誰しもそう思っていたのであろう。その雰囲気に教官は、「お前等は帰りたいか」と一喝する。

先へ行くと射撃場の大きな射檀が山のように見える。次は実物大のソ連トーチカ陣地（コンクリート造り、盥を伏せた形で銃眼だけの建物。周囲は鉄条網を幾重にも張り巡らせてある）を攻撃。終わると中隊の遭遇戦を演習しながら帰り、時々は陸軍飛行場へも入る。東京の空でも見たユンカース四発超重爆撃機が駐留し、側に八八式偵察機等が、たくさん並んでいる中に少年倶楽部の表紙にもなった可愛らしい九一式戦闘機も五機並んでいた。

〈参謀巡視〉　関東軍司令部の参謀が兵舎を巡視に来るので、清掃、整頓で忙しい。やがて当中隊にも入って来たらしい。班内にも緊張感が漂う。第四班に入った参謀は目近の兵に一一年式曳火手榴弾の使用法を尋ねたが、その兵は使用法は知っているのであるが、口に出して説明は旨く出来ないので、参謀はいらいらする。後ろに居る中隊長、教官、その他の幹部連も困惑した顔である。とどのつまりは班長が教育不充分という訳で、よく教えておけ、と叱られた。その後参謀は、私に「その兵隊」と呼ぶ。ハッと姿勢を

更に正すと、「新年に関東軍司令官閣下（南二郎大将）は何と仰せられたか」と問う。私は咄嗟に運良く延吉兵舎の班内に大きく掲げてあった訓示を思い出した。ハイ昭和一〇年は……（国際連盟を脱退し世界に孤立した日本の覚悟を示した文章）終わり」と淀みなく答えた。参謀は、「ン、良く覚えていた」と私を誉めて次の班へ行く。後に続く中隊長以下のホッとした顔を見て、中隊を救ったような気がした。

〈関東軍司令部〉　四月二五日、司令部衛兵編成員の中に入った。衛兵司令は教官のT少尉、副司令は班長のO軍曹で私は正門歩哨にH初年兵と複哨になる。赤い軍帽を被り、総勢二十数名、徒歩で司令部に赴く。新築なので奇麗である。H君と正門の両側哨舎の前に立哨する。出入りの上級者には、二人同時に敬礼するよう指示される。

ビルの上に天守があるので、最初は奇妙に感じたが、天守の美しさに城を感じさせられる。今日は休務らしく、軍司令官（去年一二月菱刈隆大将が延吉を巡視、閲兵をされた後、後任の南大将が、巡視、閲兵をされたので顔は覚えている）は登庁しないらしいのでがっかり、敬礼は出来なかった。

正門には真新しい絵の大看板。関東軍司令部、関東局、日本大使館、駐満海軍部の四役が厳めしく掲げてある。何だか自分が日本の代表になった気分になった。初めての衛兵勤務だが、夜半も前の大通りに馬車が絶え間なく通るので眠くない。衛兵勤務の時は、夜の間食（菓子類）が出る。それに食堂の食事も旨い。交代途中で西門のも知った。で止まった時、淡紺青の空に浮かぶ天守の横に夕月が冴えていて、遠くの西公園の緑と薄夕焼がバックで見事に美しかった。

四月二九日は天長節で、軍司令部の前で司令官の閲兵式があるため道路の混雑が予想されるので私は補助憲兵となる。憲兵の腕章を巻いて群衆の整理を勤めた。

〈夏地獄〉　五月に入っても未だ冬服と冬下着。私は胸部が火照ると心臓が苦しくなる体質と分かった。厚い上下に、背嚢と武装。兵舎の前に整列した時にはもう、汗をかいている。その上に炎天の下で戦闘行動するのである。演習、行軍中は第一ボタンとホックは外すが、その位では体は冷えない。汗をかかない者を見ると羨ましい。私は家に居た時、夏はほとんどランニング姿だった。背広を着てネクタイを締めている人を見ても汗が出る位である。夏は服を着る仕事は全然駄目と分かった。例外の体質である。でも、ここから逃れられない。

〈通夜〉　夕刻、O上等兵と私、他一名が新京陸軍衛戍病院へ行くことを命ぜられた。何だか分からず、病院へ着くと霊安室へ入った。暗い部屋でしばらく待っていると柩が運ばれて来た。お通夜をするのだった。未だ蓋はしてないので中には新しい軍帽と軍服、軍靴の兵士が安置されている。思わず合掌してお題目を念唱した。仏式のような安置室であるが僧侶の姿は見えない。病死なのか、若い顔は痩せ衰えて、柩を降ろした時、足に肉がないのか靴がゴトンと動いた音がした。異境の病院で母親を偲んで泣いていたであろう若い兵士に涙が溢れて来た。慰霊の言葉も経文も知らず、お題目のみ腰掛けて唱えていた。一二時頃、病院を出た。

〈孟家屯〉　孟家屯無線電信所の警備のため、一週間衛兵に行く。遠いので、トラックにS伍長勤務上等兵以下一〇数名乗る。これで銃剣術、演習、しごきから八日間逃れれるという喜びで、新京郊外をドライブする気分である。着いた所は平坦地に細い電信柱がたくさん立っていて、中心に警備所がある。前任と交代して屋上展望台に立つ。広々として、草が伸びた平原は青々として気持ちがいい。一時間交代も早すぎる程である。食事はお櫃入りの白飯を何杯でもお代わり出来るので腹一杯。浄土である。間食も二回出る。初年兵には極楽。

〈進級〉　孟家屯の勤務を終えて班へ戻ると、班付〇伍長は、日焼けが薄くなって太ってきた私を見て遊山に行っていたようだと皮肉を言う。事実、夜半の眠いのを我慢するだけで三食昼寝付である。中隊は、六月の第二期検閲(主として指揮系統の成果を見る)に向け訓練中で、毎日歩き、走り回り、皆、真黒に日焼けしている。その中に並ぶ私の顔が白っぽく見えて目立つのだから無理もない。

六月一日、初年兵の約半数が一等兵に進級した。思いも寄らず私の名前も呼び上げられる。同時に上等兵候補者の中へ入った。どうせ員数合わせの候補者だからと軽い気分でいるが、二年兵の眼は一律同然。将来の上等兵という訳で、今までより一層睨みを利かせる。そのうち、更に指揮班一二名の中へも入る。さあ大変、今度は確実と言う訳でビシビシ締められて思わず悲鳴も出る。

東倉庫の衛兵（八日間）の勤務となる。虎口を逃れたようである。トラックに〇伍長勤務上等兵以下十数名と関東軍新京倉庫の警備に就く。ここは自炊である。現品をもらって御飯炊き。私は母亡き後、父が再婚するまでの約一年近く、炊事を手伝っていたので、調理を引き受ける。だが私のは味が濃い。関西の兵が作る食事は味が薄い。地方地方の文化の差をまじまじと感じる。

この間、六月六日に第一大隊が山海関へ出動した。兼々連隊が行くというような噂だった。山海関方面で何か揉めているらしい（後の梅津・何応鉄協定立）。行けば万里の長城を見られるかと期待していた。

二ヶ大隊での新京警備を第二大隊だけで行うので勤務は忙しくなる。倉庫勤務を終えて帰ると、六月一〇日より一三日まで、寛城子憲兵分隊へ新京地区防空演習のため派遣となった。

〈防空演習〉　T教官は一個小隊を率いて三〇キロメートル北へ行って対空看視哨となる。私はH君とトラックで、寛城子分遣隊に行き執銃補助憲兵となる。肩の星が二つになったので、年次を聞かれ初年兵と答えると早速、三丁ある銃の掃除、終わると用務を命じられる。防空演習で燈火管制のため街が暗くなるので、特に夜間の巡察に気を入れてのことだった。とにかく地情を覚えねばと、昼間から回る。近くに公園があり、その道路面は白系ロシヤ人の住宅街がある。娘さんは皆細型の美人であるが、母親は太っている。この娘さんでもあの年配になると太るのかと感心して、たくさん酒瓶の並べてある窓を眺めている。

分遣隊には調理師がいるので食事は御馳走だった。三泊の勤務を終えて中隊へ戻ると、今度は西倉庫へ一週間勤務。教練も銃剣術も出る間がない位である。有難き幸せと思っていた。ここは食堂があるので炊事はないが、自炊の方が煮焚きで体が動かせるし、時間も潰れ、つまみ食いも出来る。黙って腰掛けているより気楽である。教本は読むのを許され、典範令は全部覚えた。

西倉庫が終わって帰ると、部隊衛兵、中隊当番と次々勤務が来る。翌週は寛城子無線電信所でまた一週間。これでは上等兵候補者や指揮班教育もたまに顔を出すだけである。朝食前の銃剣術の稽古も防具がなく連隊を一周させられる。防具は数が足りないので、夜明け前に取りにいって各自寝台の下へしまうのだった。

翌週はまた孟家屯に一週間。連隊長が土橋勇逸大佐に、大隊長が山内静男少佐に、軍司令官が植田謙吉大将に変わってたとも知らず、二期の検閲が終わったのも知らなかった。

六月三〇日、また、東倉庫一週間、五日に終わると、鯖江三六連隊の兵士が来た。何事かと思うと、連隊は今日、三六連隊と交代して泰安鎮へ移駐した。

兵役余話（四）——転々　昭和一〇年（一九三五年）

〈泰安鎮〉　東倉庫警備を交代して連隊へ戻ると、残留者総員一二〇名。連隊書記の曹長が引率して新京駅で乗車。四平街より洮南線へ入る。翌日洮南、済済哈爾を経て、七月六日正午頃、泰安鎮に到着。土橋部隊の兵営に入って解散し、私は第八中隊へ合入した。引越したばかりでまだ何となくがやがやしている中で私の席に就く。素練瓦張りで延吉兵舎よりひと回り大きい。中央にペーチカがある。元は黒龍江省軍の兵営で、業務の指令がないので営内を一巡する。規模の大きいのに驚く。

有名な裏門の戦跡を見る。満州事変中、ここに居た日本軍が出動した後、敵襲を受けた留守兵が応戦中、裏門の土嚢陣地の土嚢の中へ、銃弾の打ち殻（薬夾）を「死守」の字型に埋め込み、敵を撃退した所である。

九日、指揮班の大隊競技会が行われる。二、三回しか野外訓練はしていない私は、幸いに出場に漏れた。

〈移駐〉　七月一一日、T少尉以下一五名の先遣隊が発令。急拠戦備軍装し、私物を戦友に託して、出発。泰安駅より乗車し次の克山駅で下車。炎天下の登り坂を歩く。すぐに背中は汗ビッショリ。どこへ行くのか目貫通りを行くと、日本旅館らしい家の前で止まった。上れと命令されたので軍靴を脱ぎ、座敷へ入ると浴衣が置いてある。状況の急変に暑さの故か判断力が鈍り、やっとここへ泊まることが分かる。ひと風呂浴びて浴衣を着ると、別世界の人になったような感じである。まだ陽が高いので、横になれない。隣の小部屋で鞴《ふいご》の音がするので覗くと、湯沸し場である。乾燥牛糞を左手で掴んで焚口に入れ右手で鞴を動かしている。読んだことはあるが見るのは初めて、木のない地方の人の知恵に感心した。

お膳が運ばれて来る。お銚子一本と雷魚の刺身、料理品が奇麗に載っている。天国に来たようである。翌朝トラックが来た。昨日は都合がつかなかったので一泊したのだった。克山の街を抜けると北満州の大平野である。樹木はほとんど見えず、成育した耕作物が延々と海浪の如く続いている。その中の一本道。前方から来た荷馬車の馬が驚いた時、手綱が離れたので馬は逆戻りして走り出す。御者が後で追うが一本道なので際限がない。トラックは停止して様子を見ていると、馬はやっと道から外れた。

〈北興鎮〉　一時間以上も走った時、遥かに大きな集落が見えた。形ばかりの門を入ると賑やかな商店や露店がある。そこを抜けると北門の近く、街の外れに長屋門の付いた正面と、左右型の邸宅の前で下車する。北興鎮という街だった。翌日、中隊は泰安兵舎に留守要員を残して移駐した。門には的埜部隊と大看板が掛かっていた。通訳は居るが、情報機関は持たないので、警察より情報を受ける。

満州国以前の武装勢力が居て出没するので、これを攻撃するのと、治安工作（警察の上塗りのようなもの）をする。中隊は戦備体勢となり、正式に編成する。私は第二小隊長付、重擲弾手兼伝令となり、同時にO班長の当番兵ともなった。今までは他の者に遠慮してやらなかったが今後は堂々と出来る。

私は二年兵より正式に重擲弾筒を申し受けた際、恐ろしい話を聞く。榴弾を発射した時、筒の中で破裂することがあると言う。大変である、破裂すれば投手は八つ裂きになる。また、筒の前に木の枝等があると、これまた、筒の直前で破裂し大変な被害がある等と並べられると、身の不運を嘆く。だが諦観も強まる。発射時の衝撃で信管が榴弾を突つくのは、信管の検査が悪いのか、何発かのうちに一つはあるらしい。

正式に投手を任命されたので榴弾一〇が発支給され、信管を付けて肩掛け腰巻式の弾帯に納め出動の準備。

改めて上等兵候補者の教育が厳しく実施される。兵営の前は広い空地で放豚場でもある演習場である。準戦時給養なので毎日間食が品を替えて出るのも楽しみである。慰問袋も月に二個もらえ、給料も少し多い。

衛兵勤務に就くと、夜空を眺めるのが楽しみである。広大な空に掛かる天の川、北斗七星、星図が欲しい。時計を持っていないので月や星または太陽の位置を分度して計る。暗夜や雨天は勅諭四回で一時間経ちます。

長屋門の中に掘井戸があり洗濯に使うが、手を五秒と入れていられない。生水は絶対禁止であるが、洗濯場までは目が届かないので、分からないように冷たいのを飲む。釣瓶で井戸の底に残っている氷を欠いて汲い上げて食べている豪傑も居る。洗濯石鹸が仲々溶けないのも困る。井戸水奇談。

朝早くロバが奇声を上げて鳴くのは、もう厭になる。アオアオアオという目覚しは鶏の共演となる。

西に沈む太陽の美しく大きいのも見事である。それに向かって方角を定めているのか烏の行列が延々と続く。

警察よりの情報により、敵の住居を攻撃に行く。夏陽が刺すように照りつける昼間である。徒歩で出発して約三時間で到着。道路の近くであるが、住居は擂り鉢状の地形の底部に南向きに建っており、道路からは全然見えない。攻撃計画では、私の擲弾筒発射を合図に一斉射撃だったが、稜線に布陣して見ると、敵は逃亡したらしい。徒歩で昼間行くのだから、通報を受けたのだろう。中隊長は私に射撃を命じた。目標は一軒家である。私はその場に発射姿勢をとると、危いからもっと前へ行けと兵士等が後ろから大声で叫ぶ。腔発（筒の中で破裂する）を予期している。見ている者が危いなら撃つ者は一体どうなるんだと、大声を出したいが言えば後が大変。じっと我慢。

私に二百余名の視線が集まっている。屋島の戦で那須の与一の気分になり、無念無想の境に入った。後ろに立ったN曹長が二七〇メートルと指示する。私は耳に来る発射反動が少ないと思い、伏射の姿勢で留条を引く。発射した擲弾は布陣している者には弧を描いて見えたが、私には直線なので見えない。家屋の煙突の前に落ちて土煙が三メートル位上った。拍手喝采である。中隊長はもう一発と所望した。一発目の成功に喜んだので無念無想が崩れ、二発目は一〇メートル手前に落ちて土煙を上げて状況終わりとなる。無念無想が崩れるので喜んではいけないと、良い教訓を学んだが、若気の至り、よく身に沁みなかった。部隊兵営に戻ったのは、夕闇迫る頃である。今日の行動について講評した中隊長は、最後に擲弾筒の射撃も宜しいと誉めてくれた。

この後も教官は情報を得ては中隊を引率して危険区域を歩く。けし畑では色取りどりの花を咲かせている。栽培を禁止されているけしが一面満開の状態。辺鄙な所まで警察の目は届かないのである。

八月に入ってやっとトラックが一台配属になる。運転手は泰安に残った同郷のK一等兵である。雨が降ると道がぬかるみ、トラックが沈んで難渋するので、雨天後は道が乾燥するまで、使用出来ない。

兵営前の広場で夜、満州国皇帝の訪日ニュースが放映されるので街の人々も夕涼みがてら集まってくる。我々も一緒に眺めるが、東京の画面がたくさん出て、東京出身者は喜ぶ。この後は漫画放映だった。

出動、演習、勤務、日曜を繰り返すうちに九月に入り、日没後は急に冷えてくる。夏衣と寝冷え予防用のネルの腹巻だけでは寒い。歩哨は夜間、冬外套を着用するようになる。夜、雨が降れば緑の平野が一夜で褐色となる。

九月九日、警察より情報が入ったのか、トラックが一台増加となり二台で出動する。進んで行くと、異様な黒い険しい山が見えたので目的地かと思うと、トラックは平らの道を行く。その夜は、近くの村に泊まった。炊飯、食事を終わって寝付いた頃、突然各宿舎とも起こされて、何事かと全員集合する。暗闇の中、様子が分かってきた。北興鎮の留守隊から馬乗でN曹長以下八名の急使が来たのである。闇夜によく行先を探したものと感心する。途中、盗賊と思われ、農家の人に発砲されたらしい。要件は、即刻泰安鎮の兵営に引揚げよとの大隊長命令の伝達であった。早速トラックに乗り、夜道を走って北興鎮へ戻った。

一〇日早々、泰安より交代の第一中隊先遣隊が到着する。その中に同郷のH君が居たので、山海関の話を聞く。

当中隊は一台のトラックで克山まで荷運びで、時間が掛かる。私が乗った頃は日没過ぎだった。トラックが風を切って行くので、荷台はもろに風を受ける。これは乗ってから分かったのでどうにもならない。体温はずんずん風に吸い込まれて体が冷えてくる。凍死するのかも知れないと荷物にしがみつく。克山駅に着いた時は半死半生状態である。待合室に筵《むしろ》と毛布が有ったので一枚ずつ使って寝るが、体は中々暖まらない。

一一日、克山よりの車中で一切の事が分かる。第二大隊は関東軍令によりどこかへ行くらしいので第八中隊を集合させたのだった。泰安兵営へ入ると土橋連隊長がお出になる。八中隊から軍旗護下士官二名が出て軍旗も出動する。今までは遠くから見ていた軍旗を今間近に拝して感激である。私も是非一度は軍旗護衛をやってみたいと思った。

兵役余話（五）――羅子溝　昭和一〇年（一九三五年）

〈出発〉　梱包のし直しや、軍装検査等、忙しい日を重ね、九月一七日、泰安鎮兵営を出る。汽車は北安、哈爾浜、拉林、五常、拉法から京図線に入る。敦化、延吉を過ぎ、図門で一九日の夜が明ける。図佳線に入り、正午頃、大荒溝駅でやっと下車する。独立守備第一二大隊長行徳中佐の指揮下に我が大隊は入った。行徳中佐の閲兵が有って、第二大隊の任務は、この先の羅子溝地区の先住武装集団及び反満抗日兵力との対戦だった。何か怖い密林の中へ飛び込むような気持ちである。

延々と続く山脈を眺めて見る。

二一日、大荒溝を出発する。荷物が多いので荷馬車をたくさん連れて行く。始めのうちは道も良かったが、凹地には水が溜って四頭立ての太車《ターチョ》は沈んで動かない。荷物を降ろして空にし、引き揚げて足場の良い所へ移す。荷物は我々が一個ずつ運ぶ。瓶詰箱は重いし足はぬかるみの中。やっと登り道へ出ると、また凹地。何しろ第五中隊、大隊本部、第六中隊、第七中隊と大部隊が既に通ってでこぼこにした道を我が第八中隊が行くのだから散々である。見兼ねたT少尉(第一小隊長)は、サイダーの箱を明けさせる。疲れた後でこんな旨い物はない。

夕刻には各自の天幕を集めて三〇枚張りの小屋を作る。杭打ち、張綱は側に居る二年兵にも頼む。演習では叱られるが、皆早く横になりたいので上等兵も見逃してくれる。朝になると、天幕は一枚一枚支柱を入れて丁寧に畳んで各自に渡す。何時かしら天幕班長と呼ばれるようになった。

行進中は背嚢に重擲弾筒を乗せ、三八式銃を担ぎ、腰には榴弾一〇発入りの弾帯を巻く。バンドには銃剣と小銃弾三〇発の薬盒が二個付けてある。大変な錘りである。山坂の登りは後ろへ引きずられるほどである。炊事役が直径六〇センチメートル位の鉄鍋の底に付いている焦飯を捨てるので、煙草を遣って予約する。たくさん作ってくれるが仕舞う器も、食べる場所も、時間もないので、ズボンのポケットへ押し込み、歩きながら、少しずつ口の中へ入れ溶かし呑む。どうにか、こうにか、体力を補強して落伍しないようについて行く。

行軍中の御菜は毎日三食、かつおまたはまぐろの、味も水分もない缶詰。朝夕は白菜の汁物が付くからのどを通るが、昼、缶詰を開けて中を見ても材木の切ったのが入っているようにしか見えない。それでも食べなければ体力が付かないので、飯盒の中に入れ、水筒の水で御飯とともにかき回して、二切れの沢庵漬とともに呑み込む。せせらぎが道に沿ってあるが、生水絶対禁止なので、人目のある時は飲めないが、気休めにはなる。

〈下士哨〉　九月三〇日夕刻。山の間にも少し広い場所が有って、第二大隊が全部露営する。中隊が到着し終わると、私の所属、第一分隊T軍曹以下一五名は下士哨となって崖を上る。夜で下が見えないので怖くなく、重装備でも楽に上れた。高所から見ると、大隊全部の炊飯の火煙が赤々として賑やかである。下士哨は山林へ二〇〇メートル入った所に置いたので、もう何も見えない暗夜、静寂の山地。

下士哨から二〇〇メートル位先の地点で私は一人立哨する。他の者は、どこか分からない。見渡せば、闇夜に白く浮かぶのは人影に似た焼木群である。人の高さ以上の木は皆なくなって、枝が腕のように見えて怖い。周囲を絶えず警戒していると、アオオオオーン、アオオオオーンと金属様の鳴き声が二声する。咄嗟に狼と感じた。

軍民約二千人、牛馬何百頭それに炊事の匂いが一遍に山中に立ち籠もる。その上、一時は各所の炊飯の火煙が盛んに上っていたので獣たちも恐怖に陥っていたのだろう。狼も近くまで様子を見に来て、吠えて仲間に信号を送ったらしい。油断は出来ない。威嚇射撃など以ての外。第二大隊警戒線の一翼で発砲が起きれば、闇の中の事情が判明するまでに、どんな混乱に陥るか分からない。焼け木の人形や狼、闇の中で二時間経つのも体で分かるようになる。上等兵に引率された交代兵が来た。異状なし、と報告して哨所に戻ると、二時間寝ろと命じられる。普通、歩哨は夜間一時間立哨し、一時間仮眠、一時間控兵となるが、昼間疲れているので二時間仮眠出来る人数になっていた。当夜は三回仮眠したので体も楽になる。夜が明けた、何事もなく勤務を終えて分隊は崖縁に立った。

昨夜は夢中で登ったが、朝見れば断崖である。武装のままよく登ったと感心する程。下りは怖いが各自銃を持って滑るが如く降りて行く。独り残ればみっともない、触れる所にはしがみつくようにして降りると、軍装の重みでずるずると崖をこするようにして地に着いた。再び見上げた。

〈羅子溝〉　もう出発してから一一日目である。道が乾いていれば二日の行程が、降雨の後のため大変な日数が掛かった。今日は下り坂道となる。馬車が勢い付いて牛車を抜いて行く。牛は下りに弱い。

山が明るくなった。下りと明るいのを考えると、もう終わりかと直感する。果たして少し行くと木々の間に山が離れて見える。あの下は盆地だ、羅子溝だと足も急に軽くなった。もう道も固く部隊は馬車とともに足早に行く。廟様の前に出る。中を見たいが暇がない。やがて羅子溝へと到着した。

〈太平溝〉　翌一〇月二日、第八中隊は北方約一二キロメートルの太平溝へ分屯となり。羅子溝を出発した。起伏はあるが盆地の続きなので道は良い。途中、靴を履いたまま川を渡ったが、昨夜、足の豆を看護兵に切ってもらった所へ靴の破れ穴から水と砂が入ったので飛び上がるように痛い。泣き泣き足を引きずりながら太平溝に到着。割り当てられた人民家（空屋）に第一分隊全員入る。高麗系の家でオンドル床である。

その夜、川の向こう岸で、ランプを左右に振って合図している（かのように見せて威しかも）者が居る。二名の兵が天幕を被って近づきたが、逃げられた。そんな状況なので今夜は靴を履いたまま寝る。

各宿舎は一名の不寝番を立てて夜間の警戒と中隊衛兵に連径する。敵地に入ったので気は緩めない。

周囲の山々は現在居住禁止になっている。従って残っている家は敵の一味と見なされて攻撃される。我々が行動中泊まった山中の一軒家の人々が、我々の出た後、逃亡した話も聞く。子供が居て、私が重擲弾筒の留条を引いた音に目を丸くしていた。普通の家族構成なので、敵の一味とは思えなかった。

赤褐色の葉が満山付いていて、一色である。都会育ちが山の奥へ入ったので何もかも珍しく感じる。人獣共用の細い道を木の枝をかき分けて進むと、以前の落とし穴が残っており、逆木も残っていて危険である。毎日毎日、昼食を持って山中を歩き回るが銃は置いて、重擲弾筒を革袋に入れて背中に負って行く。谷間を入った先の火焼舗というところへ第七中隊が進んで行く。大変な苦労である。重機関銃も一個小隊配属されているのであるが宿舎が離れていった。出動の時以外は中隊に見えない。

一〇月二七日に敵状が入った。明日は攻撃出動である。

五、夜襲

昭和一〇年（一九三五年）一〇月二九日

中隊は警察の情報により、敵の小部隊が山岳地に潜んで居るのを知り、夜間攻撃するため、夕刻出発した。雲は次第に濃くなり、重く下がってくる。初めて行く場所なので方角は見当がつかない。二キロメートル位行った時に雨がポツポツ降りだし、夜は迫って来た。道はなくなり凸凹しているので畑の中を歩いている。闇夜で前を歩く兵の姿は分からないが、少しこごんで透かして見ると、担っている銃の先が幽かに見える。こんなことでは満足な行進は出来ないと心配。案の定、集合喇叭が鳴った。暗黒の中、喇叭の位置に全員集合出来たのが幸いであった。暫く行くと大きな農家が有ったので休憩となった。濡れた軍衣袴（上・下）を脱ぎ、下着だけでもと藁火で乾かす。幸いにも雨は小止みになって乾いてきた。夜襲に行くのに、夜中に喇叭を吹いたので、敵に通報されぬかとも心配する。

雨が止んだので中隊長は出発の命令を下す。寒い冷たい、などとは言っていられない。濡れたままの上下を着て、素早く身仕度を整えて隊伍に列する。雲が薄くなったので周囲はぼんやり見えるようになった。土が濡れていて足許が悪く、しかも道のない所なので靴は泥まみれになっている。

登り道を長く歩いたら下り道になる。一人しか通れない小径で木の枝に触る。溜り水は所々に薄氷が張り、踏むとバリッと破れる。上着は凍って白く霜が付いて、腕を曲げるとバサッと鳴った。

緊張している故か寒さは感じない。小径の水溜りに光が反射している。オヤッと振り返ると、稜線上の濃紺の空に明星が煌き月のように明るい。足許が見えるようになって心に余裕が出て、また振り返って見上げる。明星がキラキラキラと瞬いているのが、ニコニコと囁いているようにも思えて感傷的になる。昨日は母の命日、今日は自分の誕生日、二一歳の命も終わりかと、死出の準備のように自然にお題目を念唱して進む。所々に倒木や障害物があるので跨いだり迂回して進む。敵の砦は近いと察するが、怖くはない。突如左方面の闇の中でパンパンパンパンと三発の急射撃。小隊は敵の歩哨線の中へ入った。

部隊は、明星の照らす稜線を越えていたのが発見されたのか、あるいは途上に仕掛けて有った探知設備に触れたのか。昨夜の雨で、よもや日本軍が今夜来るとは思いもよらぬことであったろう。しかし、発見された以上、奇襲にはならない。次はどんな命令が出るかと、歩きながら重擲弾筒を袋より取り出して提げる。

入営する時、長姉が苦心して作ってくれた千人針（白木綿を二つ折りにして、帯状に縫い、千人の女性が一人一ヶ所、兵士の無事帰還を祈って赤糸で綴じる。すごく思いの籠った腹巻で、兵士は戦場のお守りにする。私は家族の勧めで、お寺で御祈祷して頂いた。御上人様は更に、御本尊様の大曼荼羅を千人針の反対側に謹写して下さった）を今日は宿舎に置いてきた。屍に巻いてあるのを見られたくない。独身者の見栄だろうか、初めての戦場である。

空が白けてくる。今行進しているのは、谷の右側の中腹に在る幅一二〇センチメートルの道で、右は赤茶色の岩壁が聳《そそ》り立っている。谷の左側もこちらと同じ位の高さの山並で、枯葉を付けた木が密生している。その稜線の下方から突如、チェッコ機関銃の発射音が轟いた。中腹の一本道を一列に進む我が小隊は射的場の棚の上に在る人形と同じ。これを見た敵は絶好の獲物と、ほくそ笑んだことであろう。小隊は低い姿勢になってその場に停止した。我が小隊以外は、途中で他の道へ進んで行ったことは、後で分かった。

N小隊長と軽機関銃分隊長M伍長勤務上等兵は、立ったまま双眼鏡で敵状を探っている。M第一弾薬薬手は敵に背を向け、折敷の姿勢で一一年式軽機関銃の両脚を両手で支えて無我の境地である。射手のO上等兵は岸壁に腰を置き平然と据銃し、私はその傍の岸壁に寄り添った。敵の弾は、私達の頭上一メートル位の所の岩肌に当たってピンピン左右に跳ねる。除ける場所もなく、薄霧の中から飛び出て来る敵の弾を、いつ当たるかと死刑囚になった思いでジッと見つめる。対斜面の発射地区点まで、約四〇〇メートル。

分隊長は敵方を指し、あの木の枝の飛ぶ所を撃て、と号令して低い姿勢になる。小隊長も低い姿勢をとった。射手は目標が分かったらしく、射撃開始。今度は敵方に吸い込まれて行く弾の筋を眺める。敵弾は相変わらず私共の頭上一メートルに集中している。彼我の射撃音が狭い谷間に谺して騒々しい。敵の機関銃が一丁なのも幸いした。小隊のもう一丁の軽機は後備に付いているので私の目には入らない。二年兵達は延吉時代、山岳警備で戦闘の体験もある。射手は平然として射撃を続けている。

撃っても撃っても日本軍が乱れないので、敵は呆れたのか射撃を中止した。諦めた敵に私は、もう一メートル下方に修整すれば当たっていたのに惜しい、と変な感情を持つ。中止の理由は、朝の低い日差しで、小隊の停止した中腹は敵から見ると、山の陰になっていて薄暗く、しかも日本兵の服装の色は、岩肌とよく似ている。敵には岩肌と低い小隊と道路が一緒に見えて照準しにくかったのか、または照準具に朝日が当たっていたのか。我が方から見れば敵側は陽光を水平に浴びて一木一葉、木の枝の飛ぶのもハッキリ見えるので我が射撃が文字通り的を射たのかも。平然として射撃しているのを傍で見て

いた私は、そう思いたい。一時、谷間は静寂に戻った。
　射撃が止んだので敵は逃げたと思った私は腰を伸ばそうと道路に下りて敵方を眺めた途端に、突如発射音が響き、ハッと思った瞬間ピューと来た弾が目の前に見えた。もう駄目と覚悟したがおかしい。その先の結果が来ない。何と弾が止まっているようだ。そんな馬鹿な、夢かと目を据えると、次から次へピューぴたりピューぴたりと、五〇センチ幅の中に約一〇発の弾が、胸元三寸いや三メートルの所で横一列に奇麗に並んで止まっている。有効射程内で弾が止まるなどは日本兵の常識にない。ビックリ仰天の私に弾

にも心あるのか、ニコッと停止敬礼をしたように思えた。もし弾が届いていたら三発は私の体を貫いていた。

地獄の死者達は、静々と吸い込まれるように一斉に谷底へ落ちて行った。私が倒れないので敵は諦めたのか、射撃を止めた。谷間はまた静寂に戻る。前回は弾着が良かったのに、今回は弾が届かずして助かったのは、先程中止した時、敵が陣地を後退させたのか、弾の火薬が弱かったためか、それとも御陰様なのか……、勿体ないことを考えると、すぐに打ち消す。

弾が見えないと見た小隊長は、谷底の左後方に在る冬枯れの林を指し、あそこへ入れと命令を下す。幸いにもすぐ近くに下りる小径が有った。全員脱兎の如く、一目散に谷底へ駆け下りる。演習では遅れる私も、逃げる命令で忘れていた命を思い出して、急に弾が怖くなった。今は仲間に遅れない。この時点で、敵が谷底到達点を射撃したら全滅だぞと思うと恐怖心が溢れる。戦場は一ヶ所明けて置けという道理も良く分かった。命を守るためには気弱になる。こんな状況の中でも弾の洗礼は無かった。

林は白樺が密生し、葉はないが梢が交差して所々に青空が見える。外部から完全に遮蔽されている。ヤレヤレと一息ついた途端、先程まで居た所の上の稜線でドンと小口径の発射音が響く。敵は追撃砲を持っているのかと察しながら見上げていると、頭上でバンと炸裂音がして、同時にバラバラと千切れた梢が降って来た。これは瞬発信管の付いている弾と判断する。もし弾が木の枝をすり抜けて落ちていたら、私は全身に弾の破片を浴びていた所だった。二度も命拾いとは驚きだった。と、次は稜線から、小銃の一斉射撃が来る。これは白樺が全部引き受けてくれるので、ノホホンと見上げた。小隊は敵に囲まれているように思える。白樺陣地で一戦か、と覚悟の決め直し。靴紐はずたずたに千切れていた。

状況を良く見詰めていた小隊長は、喇叭手に連隊号音を吹けと命じた。ソソソーミミミードソドミドー（歩兵連隊）ソミドードドドー（二〇）号音は谷間の天地に浸み入る如く響く。と、峰からは、谺の代わりに本物の連隊号音が聞こえて来た。上に居たのは中隊であった。途中で敵と交戦し峰へ来た所だった。射撃の音はピタリと止んで私は生き返ったように思えた。小隊長の明察に一同は救われる。先程の弾は第一小隊の重擲弾筒なので、張り詰めた気も弛み笑い声も出る。中隊は山から降りて来た。林の前に三個小隊全員無事集結し、隊伍を整えて警官を伴い、白日の下、谷底を目的の敵巣に向かう。

子供の頃に黍殻《きび》で作った家のような小屋が有ったので入る。夜半の雨で油断していたのか、朝餉の支度が床にぶち撒いてあり、歩哨の三発の急射撃に驚き、急ぎ鍋釜布団等を持って逃げた様子が分かる。中隊は谷の行き止まりで休憩。風もなく暖かい日和なので服はいつの間にか乾いていた。靴の中の水は相変わらず冷たい。靴を脱ぎ靴下を絞って水気を取り、すぐに履く。乾パン・牛缶・菓子等で朝、昼食。

もし昨夜の雨が降らなかったらどうであろうかと自問自答。現場へ着くのが真夜中で、こんな狭い場所で敵と遭遇したら勝手知ったる敵の術中に陥ることは間違いない。明るい時でも同志討ちをするのに、闇の中では相当の被害が出ていたことだろう。思えば寒冷の無情な雨が、実はお助けの雨であった。

中隊は休憩を終えて帰路につく。勝ったような負けたような変な気分で歩く。先攻されたのが負け、一名の被害者も出なかったのがせめてもの幸運だった。静寂の谷間を振り返り、今日の無事を感謝する。第五回目は、前人未踏の状況で奇跡的に助かった。中隊は暗闇の中、午後六時過ぎ宿舎に着いた。

六、明暗

昭和一〇年（一九三五年）

我慢していた風邪が、夕刻になって少々寒気がするようになり、今夜は早く横にさせてもらうかと思っていると、警察が敵の一味を連れて来た。今、行動中の大隊本部の道案内者とするため、護送する八名の中に指命された。中に、わざと入れたのか、気弱の兵も入っていた。案の定、腹痛を理由に断るので散々罵られている。結局は許されるが、その状況の中で私もという訳にはいかない。日没間際で見上げる空はどんより曇って今にも雪が降りそう。防寒外套（袖口と襟は兎毛、裏は羊または犬毛）と防寒靴着用、弾一二〇発、乾パン・牛缶・菓子一P携行（私は別に出動用として常に二P保管してある）、行先は、先日の行動地点付近らしい。出発するとすぐ粉雪が降ってきた。微熱で頭が痛く体はゾクゾクして辛いので、お題目を念唱して暫く行くと、体が火照って担っている銃も感じなくなり唯、足がドンドン前へ出て行くだけである。今でいえば自動スイッチが入ったのだろうか。ローソクのついた家の前で、大隊長に労《ねぎら》われて、到着したと気付く。帰途は雪が止んだのと、仕事が半分終わった気安さもあり、無意識になって足早に歩けて苦境を脱した。途中は菓子だけしか食べる時間がなく、宿舎で冷たい夕食を摂る。翌日はだるくて起きられない。熱があるので認めてもらい、休養を与えられた。宿舎の入口から二メートルの所に上り框がある。中央右が竈《へっつい》になって、床は土塗りのオンドル

式になっている。
床中で一番暖かい竈の左の場所をもらって毛布を敷き横になる。二日後、気分の悪い者が出たので、代わってやれと言われた私は、壁際へ移る。その夜、歩哨勤務の兵が用事で部屋へ入る時、入口付近が混雑していたので銃を竈の上に置いた。靴を履いて立ち上がる際、無造作に銃を引き寄せ、持ち上げる時、引金に触った。あいにく安全装置を忘れていたので、発射し大事故となった。無意識にやったことで撃った兵も不運だった。
弾は寝ていた兵士の頭部を貫き、左隣A君の右脇から腰の辺りへ抜ける状態だったのであるが、A君は幸いにも小用に出ていたので難を逃れた。次の私の足首を掠めて壁に穴を開ける。もし私が場所を替わらずに寝ていれば弾を受けた。事故に遭った兵は翌日飛行機で病院に運ばれて亡くなった。無意識のうちに起きた事件で双方共、誠に気の毒である。六回目の命拾いは、何とも言いようのない悪夢のような出来事で、身代わりのような兵には誠に申し訳のない助かり方だった。古い事件でもあり、関係者も御穿鑿無きよう御願い申し上げる。合掌。

兵役余話（六）——太平溝　昭和一一年（一九三六年）

〈新屯子〉　一一月一〇日、第一分隊は約一キロメートル南の新屯子へ分駐を命じられる。警察がこの地に、太平溝地区住民（高麗人、満州国人）の食糧全部を、各自別の箱へ保管する施設工事の警備である。武装勢力が住民の食糧を盗りに来るのと、内応者を出さないようにするために、ここに保管する。新屯子の住民達は我々を歓迎してか、荒らされないためか、粟餅の搗きたてと、小豆のゆでたのをたくさん持って来た。砂糖はこちらにたくさんある。食事以外に食べるので、毎日満腹でお腹はお正月である。

一週間で鉄条網張りや保管施設の工事は終了し、太平溝に引き揚げる。一週間衛兵に行ったようなものだった。引揚げの際、家主の奥さんに空樽、石油の空缶、空瓶、残った食品全部を渡したら「トントンデ」と言って大喜びだった。

〈測量〉　この後は関東軍測量隊の援護である。遠くの場合は小隊で一週間露営する。近くの時は分隊で行くが、我々は三角標高までは行かずに、下の適当な場所で見張っていた。

班長（T分隊長）が呼んでいるよ、と言われて休憩している所へ行くと、「急げ幌馬車、を教えろと言う。誰かが私が知っていることを教えたらしい。班長、上等兵、二年兵の前で〽日暮れ悲しや……と得意になって教えた。昼飯と間食を持って秋の奥深い山中を毎日歩く、楽しい測量援護だった。

一一月二五日、朝食が終わると、第二大隊は泰安鎮に引き揚げた。「当中隊は本日羅子溝に集結するため、太平溝を出発する」と発令された。三時間位の距離である。喜んで支度していると、中隊本部へ行けと言われて行くと、何と、残留である。私他一一名を残留のH軍曹が指揮してここに残る。

〈残留〉　今まで、我が中隊は約一八〇名、外に、重機関銃が約六〇名いたのに、たった一二名でどうして守れるか暗然となる。だが任務の前には実行あるのみ、ハイッと答えて宿舎に戻り、自分の荷物を持って中隊本部の宿舎に集合し、出発する中隊を見送る。二年兵の満期除隊、次に入営する昭和一〇年兵の教育準備等で第二大隊は泰安へ戻る。次いで連隊は内地帰還のため縮小し、第四、第八、第一二中隊は解散して私達は第七中隊に編入となった。食糧倉庫が表通りにあるので一名立哨する。舎前は夜間不寝番として立哨し、食事歩哨と連絡する。何事もなく夜は明けた。正午頃、私が倉庫立哨中、将校の引率する一個小隊が来る。何故だろうと思いながら規定通りの敬礼をして見送ると、部隊は宿舎の前で止まり、中へ入った。直ぐに私は呼ばれて、行くと全員舎前に整列となる。将校は第五中隊付、川口中尉、下士官はH軍曹一名（出動中は留守役となる）兵力は私共一二名と第七中隊残留兵二〇名で、合計三四名の太平溝守備隊が編成された。これで心強くなった。が後が大変である。

〈進級〉　一二月一日付で歩兵上等兵となる。増援兵からはK上等兵、H上等兵の二名。私は第一分隊長。出動中の戦闘間、小隊長にもしものことが有れば代わって小隊の指揮を執る。上等兵だけでも頭が白くなったのに今度は第一分隊長。どうしたら良いかと思案の時、戦友のO伍長勤務上等兵の言葉が、頭の中に浮かんで来た。そして無我無心で死を怖れず行けと自分に命じる。覚悟が決まると図太くなる。

宿舎へ入って話し合ううち、増援兵の中に、京橋の鉄鋼会社の社員のK君と、水天宮の商店の息子S君と、同郷の交りになる。私共の中にも小学校一年上級（早生まれ）生が居たので私は半数近い応援者を持った。K上等兵は高等学校出身、H上等兵軽機分隊長は、京都府出身の温厚な人柄で、生死を掛けた境遇でともに話し合える人達だった。幸いに命令伝達も順調にゆく。宿舎内の衛兵司令は、三上等兵の三交代制となる。その夜、小隊長は非常を掛けて全員は村落を駆け通しで一巡した。一二月二〇日に、川口小隊長は転勤された。行先は分からない。後任として、元第八中隊のI曹長が着任された。元の中隊の曹長や軍曹なので気安くなった。髭が左右にピンと張った、一見将校に見える方で心強い限りである。戸山学校も終えている。隊長はまず舎前に防御陣地を作った。雪を積んで水掛けを繰り返すと固い防御陣地が出来上がる。泰安鎮の裏門陣地を思い出す。前面が広い空地なので正面攻撃を重点にしてある。敵が出没するので、峡谷入口の家に軽機一丁を持って上等兵以下五名の前哨が毎晩出る。ある夜、K上等兵の番の時、峡谷から満州国靖安軍が出て来た。歩哨も上等兵も落ち着いて事無きを得た。その後、警察情報により山々を渡り歩くが何れも逃亡した後だった。一月半ば、山林伐採の援護を頼まれて牛馬橇の後を行く。警察官が敵の小屋を発見して知らせて来た。余計なことと思うが、小隊長は攻撃を命じた。小屋からは煙が出ている。あれで分かったのかと思った。軽機が音を気付かって送弾不良となったので、小銃の一声射撃となる。敵は小屋から飛び出して、逃げる者や倒れる者もいた。「突撃」の一声で小屋へ飛び込むと、誰もいない。我々も停止して兵員の点検すると分隊員が一人足りない。教育中にはこういう兵の話も、例えば飯の時は居て、昼間はおらず、夜はまた居る(日露役)。この兵もその中に入るかも知れない。私は部下掌握が悪いと咎められた。

〈橇〉　時には、命令、会報、郵便物、糧秣、買物等のために羅子溝中隊本部へ連絡に行く。今日は私の番、来たのは牛橇だった。幸いに風が無かったので防寒具だけで暖かい。御者は高麗人なのでアリランを唄ってもらう。何も通っていない道をソロリソロリと歌を聞きながら橇に乗って行く。羅子溝本部で諸物件を受領して、帰る。山積みでも橇は軽く滑り、牛も楽に歩む。楽しいひと時だった。

守備隊宿舎の横に、食糧置場が在る。幅約一メートル奥行約一・五メートル高さは切妻型の頂点まで約一・五メートルで床下には約一・五メートルの丸柱が四本で支えてある。妻側正面は両開きの扉になっている。高床式神社の原型を見たようで、ハッと気が締まった。

〈雉子〉　分隊の兵が小さい猪を射って来たが、隊長の御咎めは無かった。猪は炊事で買い上げ、分配金となる。以後銃の使用は公認となって、雉子も撃ってくるが、銃弾で悲惨な形になる。弾丸は、一回戦闘詳報（報告書）を書けば員数の埋め合わせが出来る。私も一羽位捕って手柄話をしようと、雉の居場所を聞いて雪の山へ行く。雪を踏んで登って行くと、高い芒の叢の間から、四、五羽の小ぶりの雉が、雪の中を流れるせせらぎで水を飲んでいるのが見えた。しめたと、狙いを定めたが、ふと一面の雪山で何を食べているのか、お腹が空いて水を飲んでいるのかと、何となく可哀想になって銃を立てた。叢の中から回りを眺めると木々の枝には、いるいる、四、五〇羽の雉が止まっているが、私が隠れているので気が付かない。延吉で烏の集団攻撃を見ている私は、あれが全部向かって来たら突き殺されると思った。撃たなくて良かったと、忽々に山を下った。小雉を助けたために、私も助かったような気がした。道路へ出たら、運良く雉売りに会ったので、雄雉を二〇銭（雌は一五銭）で買い尾羽でぶら下げて、隊へ戻った。一羽の土産を出して居場所が分からなかったと弁明する。

〈哀号〉　闇夜に呼び声がするので、当夜衛兵司令だった私は巡察に出る。近くに来ると、闇の中から「アイゴーアイゴー」と悲鳴のような声がする。地獄の底から聞こえてくるようである。屋根の上へ何か放っている。訳が分からないので帰って通訳に尋ねると高麗人の御通夜だった。

〈銅貨〉　村の少年達は守備隊の前でよく遊ぶ。昼間付き合うのは兵士だけである。少年は大きな銅貨を私に見せる。四〇ミリメートル位の分厚いしかも竜の浮き彫りも見事な奇麗な製品である。余りにも美しいので見惚れると、少年は私にくれた。手にはまだ四個ある。ただでは悪いと思って五個のお礼に一銭銅貨を三枚渡す。翌日、別の少年達五人が、小さい西瓜を入れたような古い木綿袋を重そうに担いで来た。尋ねると、守備隊で古い銅貨を買ってくれるので、持って来たと言う。唖然とした私は、先祖代々貯めた通貨が無価値になって気の毒であるが、兵士の身分では引き取りようがない。少年達は悄然と戻ってゆく。

〈新年〉　旧暦の新年に御招待に預かる。御馳走するから来てくれと十家長（百家長も居る）の家から呼ばれた。どんなお正月だか見たいので行く。手ぶらでは格好が付かないので、何かお土産を、持って行きたいがこの村には商店がない。ふと、中隊が居た時に買った角砂糖（一〇センチメートル角の箱入りで一円）が手付かず仕舞って有ったのを思い出して、持って行く。途中の家々には金、銀、原色の色紙に、恭喜、一陽来復、積善余慶、立春大吉、笑門来福等、お目出たい熟語がたくさん書かれて奇麗に貼ってある。

座敷へ入ると、大きな食卓の上の大皿に水餃子、焼肉、石持魚、炒め物、漬物等が盛り付けてあり、地酒も並べてある。御招待の御礼を「コマスミダ」と述べて、お土産を出したら驚いていた。男女共、胡座である。私も同座になって酒を一杯飲むが、強い酒なので少しだけ飲んで、食べ易い餃子から始めた。家族の中へ入って和気藹々と片言で話しながら御馳走になる。隣の小部屋からガタンコトンと音がするので覗くと、赤や緑の衣裳の少女が長い板を踏んで交互に跳び上がっている。その奇麗な姿に思わず見惚れる。民家の御正月を充分味わってまたお礼を述べて帰った。

〈施療〉　羅子溝中隊本部から軍医が見えて診療するので、守備隊の前には村人が大勢並んで居る。私は受付を命ぜられた。通訳が聞き取り、日本語に直して言う姓名、年齢、男女、症状を書いて軍医に渡す。馴染みの人もいて挨拶もする。大勢の人を診るので軍医はてきぱき終えて行く。ある女性が、特有の物がないと言う。軍医は、「軍隊に女性用の薬はない、処置ナシや」と苦笑いする。でも何やら白い錠剤を渡していた。私の眼にはアスピリンに見えた。後日、その婦人は守備隊へ来て私に治ったと礼を述べた。また眼の開かない少年が父親とともに礼に来た。眼がパッチリ開き可愛い顔になっていた。

〈二・二六事件〉　羅子溝本部へ連絡に行ったK上等兵が帰って来て、東京で重大事件が起きていると言うのでよく聞くと、兵隊が暴動を起こしたと断片的なことしか知らない。私は竹橋事件を思い出す。竹橋事件は、西南ノ役（一八七七年）の論功行賞の不満かららしいが、今回はどんな理由であろうか。軍隊と言えば将校も入るが、兵隊の暴動となれば兵士達のみの行動とも取れる。手紙も新聞も全部、検閲をされているので来ない。隊長は知るや知らずや、一切無言である。電話は隊長室にあるので我々には聞こえない。連鎖反応でも警戒しているかも知れない。何とも薄気味悪い状態であった。

〈手応え〉　太平溝は川と山との間にある主要道路の両側に家が点在している地形である。十分程登れば山中である。白樺の密生している所で近距離射撃をしてみたくなり、直径一五センチメートルの白樺を三〇メートル位の位置から立射する。一発位なら例え聞こえても怪しまれない。銃床を付けた右肩に発射の反動と同時に命中衝撃が伝って来て、その強さに驚く。命中すると、手応えがあるとオカルト的に聞いていたのがこれだ。この命中衝撃と分かった。では、この現象は何故かと、自問する。下山しながらふと、子供の時に作ったボール紙と木綿糸の電話を思い出した。発射した弾丸は銃口から緩く回転しながら飛び出してゆくので、空気中に飛線の塊のようなものが出来て、それが木綿糸と同じ作用をするため、命中衝撃が伝わって来るものと自答した。風がある時、もう一度試したかった。

〈王団長〉　旧武装勢力の一団の、王団長が山から降りて太平溝に来た。食糧攻めと寒冷のために、部下を救うべく決心したと思われる。この頃は落ち着き先までの旅費や手当も支給されていたようである。警察の説得に応じたらしい。

朝、舎前に居ると偉丈夫が歩いて来る。長身で長衣を着ているので余計に大きく見える。流石一群の長なる風貌で危なく敬礼する所だった。だが目だけは会釈した。第八中隊の時より引き続き炊事をやっている下山者のRさんに聞くと、「私は話だけで王団長を知っている」と言う。Rさんは別の一派だったらしい。通訳に、何故少人数の太平溝守備隊を攻撃しなかったのかと聞いてもらうと、やるのは訳ないが関東軍は後がうるさいとの返事だった。関東軍の威力で我々は助かっていたのだった。抗日勢力は近辺には存在せず、山の勢力も解散。Rさんも故郷へ帰る。

〈三道河子〉　三月五日、泰安鎮より第七中隊付のM特務曹長が突然太平溝に現れる。第七中隊の上等兵三名と兵一二名、合計一五名の兵を以て一個小隊を編成（軽機一丁を持つ）。私は重擲弾筒を置いて来た。すぐ出発し、羅子溝の二キロメートル位手前の三道河子村に移駐した。すぐ前の家には満州国軍の家族連れの歩兵一個小隊が分屯しているので、一応挨拶に中に入ると、奥さん方や子供が大勢いる。

〈分哨〉　隊長間の話し合いで村の外れ（約五〇〇メートル先）の農家の納屋に、日満軍の夜間分哨が出る。隔日交代で、我が方の時は、上等兵以下五名で軽機一丁持つ。満軍の時は、敵が出たことを藁火を付けて日本兵の宿舎歩哨に知らせると、我々が駆けつけることになっている。敵も内通者がいるのか、日本兵の分哨の時は出て来ない。食糧を盗られるのは満軍警備の夜ばかりだった。

〈風呂〉　隊長が将校待遇なので風呂を作る。桧の厚板をたくさん、大工さんが来て削っているが、鉋の使い方が日本とは逆である。前へ押している。私も使って見たが、前へ伸びない。日本式は腰の力が使えるが、前押しでは腕の力だけである。やがてひと部屋が立派な風呂場になり、久し振りに入浴出来る。

毎日入るので湯が汚れないから捨て湯は勿体ないという訳で、村人に使用させることになった。

村人は喜んで日暮れになると後湯へ入りに来て賑やかな笑い声が聞こえてくる。私も楽しくなった。

〈二・二六〉　この頃には、手紙、新聞も解禁になった。羅子溝中隊本部へ連絡に行った時、命令や糧秣を受け取った後、本部内の軍事郵便局から、今まで溜っていた検閲済の手紙、新聞を一遍にもらう。一〇日分以上なので一五名分だと大量だった。帰って新聞読むと、やっと二・二六事件の全貌が分かる。何しろ五・一五事件どころではない。だが将校の命令（下級者には上官の命令も意志も同じである。いちいち区別出来ない。軍の中核は二年兵である。彼等の持っている軍隊手帳には、上官の命令は陛下の命令と同じで、そのことの如何を問わず服従すべしと明記してある）に従った下士官、兵の処罰は意外だった。敵前で、命令の是非をいちいち議論していては戦にならないので、悪と分かっていても、部下の兵としては何の術もない。これからは命令をいちいち吟味するのか、これも出来ない。矛盾した話である。

〈野鹿〉　三月一〇日の陸軍記念日は軍隊の祭日である。といっても何も特別の調理品ももらえないので野鹿を捕って来ようという話が出て、軽機分隊長のH上等兵以下五名で近くの山中へ出掛ける。やがて、山中から射撃の音が盛んに響いてくる。村人は戸外へ出て、何事かと不安そうに見回している。私は、今、野鹿を撃っていると説明して安心させる。音が止んで間もなく分隊は三頭担いで降りて来る。その夜は野鹿料理で大宴会だった。

〈酒豪〉　この夜の宴会で分かったのは隊長の酒豪ぶりである。いくら飲んでも酔わない。最後に地酒を買って来いと言う。マッチで燃える強い焼酎である。二リットル瓶を一本買って来て、薄めずに全部飲む。

〈煙草〉　縁側の前で家主のおばあさんが、「タンベプリ、タンベプリ（煙草の火、煙草の火）」と怒っている。ハッとして私が見ると、手に畳んだ上衣を持っている。薄く焼け付いたような所を私に見せて、また「タンベプリ」と言う。誰がやったか分からないが兵士のやった事には間違いない。平詫りに謝った。穴は開いてないので、その場は納まったが、私の気は晴れない。兵士に尋ねるとM君がレンズを着替えの上に置き忘れたらしい。故意ではないので許した。その晩当番一名と私が夕食の支度中、鰤が有ったので、粗相のをお詫びの印にと、中落ちと、かまにたっぷり身を付けて落とし、おばあさんに渡す。大喜びで翌朝も礼を言う。

分隊員が裏の山に水晶が出ると言うので、判こ屋の店に飾ってあるような原石であるのかもと、欲を出して行く。積雪は大分溶けて山肌が出て岩石が多いが、素人目には急所が分からない。第一掘り出す道具もない。山肌を眺めていると、小魚の化石が二個有った。取って見ると煮干し位の魚がそのままで入っていた。

昼間に襲撃してくる程の大部隊は居ないので、日中は呑気に遊び回ったり、歌集のおさらいである。着任当初は一時間くらい毎日訓練をやっていたが、隊長が酒を飲んで寝るようになると、自然怠けてくる。だが夜間になると、顔付も変わるらしい。命掛けの勤務である。

こんな生活でも春は来る。雪が溶けて流れて、猫柳もふくらみ、雁は毎日何列も北へ飛んでゆく。ああ日本から帰って来たかと、懐かしく手を上げる。そんなある朝、舎前に立っていたら太平溝のH軍曹が軍装して、一台の荷馬車を連れ、ただ一人大荒溝方面へ行く。びっくりした私が、「班長殿、どちらへ行くのでありますか」と思わず尋ねると、H軍曹は、「転隊になるので一応、泰安鎮の第七中隊へ行く」と簡単に説明されて別れた。

兵役余話（七）――転隊　昭和一一年（一九三六年）

四月七日、H軍曹を見送り、朝食後、野山の春景色を見に行こうと思っていると、小隊長が名を呼ぶ。私とK上等兵、他に兵三名は転隊である。また、訳の分からない状況になった。小隊長とともに羅子溝に赴く。小隊長の荷物用に荷馬車を一台連れて、半年前に通った羅子溝盆地を懐かしく眺める。羅子溝混成中隊本部に到着して、一同は中隊長に申告する。この夜は本部兵舎に泊まった。私達は新設の独立守備隊の二年兵として編成される。羅子溝に居る第五、第六中隊の兵十名も加わり、隊長以下一六名となった。連隊は東京第一師団と交代して日本へ帰還する噂も聞く。何とも哀れな境遇である。

〈大荒溝への道〉　翌朝私達の糧秣等のため、荷馬車が五台来た。そのうちの一頭が、我々の目の前で交尾した。これが後に連鎖反応を起こしてひどい目に遭うとは知る由もない。出発すると間もなく華やかな遊里の女性を四人乗せた馬車が追って来る。我々の行くのを当てにしていたらしい。行程は雨が無ければ二日である。一五名の護衛が居るのではしゃいで賑やかである。途中で、赤い軍帽の兵士が向かって来る。会釈して尋ねると、第一二師団交代部隊の先遣隊とのことだった。だが私達の一行に遊里の女性が居るので、変な目で見ている。あれは護衛の便乗だと説明する。昼近くになって、例の馬が歩かなくなった。この野郎と尻を思い切り叩くが駄目。馬夫は帰らせてくれと言う。荷物はどうなる。急ぎ、既に遠くなっている先行四台を止めさせる。次々に荷物を分配して空にして帰す。ヤレヤレと行くうちに小柄の一頭がまた遅れ出した。増えた荷物で疲れたのか時々止まる。付いているのは私とM君二名、他の兵達はもう見えない。止まっては歩き、止まっては歩きした馬も日暮れになったら、もう動かなくなった。山深い所で残るのは気の毒と思って、M君に、まだ明るいので先行の馬車を空にして一台連れてくるよう頼んだが、間もなくM君だけ戻って来たので、私が出掛ける。あいにくの闇夜であるが道が一本なのも幸いした。暗いので着剣して銃を構えて歩く。勿論安全装置は外し、引金に手を掛けている。山にも曲がり角があった。何やら駆け出して来る足音が聞こえる。曲がり角の崖の下で引金に手を掛けて現れるのを待つ。鉢合わせしたのは野鹿三頭だった。冬毛が抜け夜目に真白に見える。先頭は雄で角が大きい。後ろは雌二頭である。突つかれては大変と銃剣を突き付ける。途端に雄が踵を返すと他の二頭も後を追った。射てば雄は獲れたが、後、先の味方が銃声をどう受け止めるかが心配で射撃は止めた。敵でなくてホッとする。しばらく行くと灯が見えた。半年前通った時に見た大きな家である。敵も味方も利用していると聞く空屋。やっと現在の位置が分かった。隊長に理由を話して馬車一台連れて戻ると、途中でM君と荷馬車に出会う。馬も立ち放しではどうにもならないと悟ったのであろうか。とにかく早く帰れた。暖かい夕食にやっとあり付いた。翌日は上り下りはあったが、馬も調子を取り戻して、何とか全車無事大荒溝の独立守備隊兵舎に入る。当夜は兵舎に一泊する。K君が話しながら煙草の火を電球で付けようとしたので班内は大笑い。ランプではなかった。

〈泰安へ〉　四月一〇日、大荒溝駅から牡丹江行に乗車。夕刻、寧安駅から乗った将校連れの中尉が私を呼び止めて、どこへ行くのかと尋ねる。「転隊のため、泰安鎮の歩兵第二〇連隊へ一応帰ります」と答えると、「こうゆう兵隊を連れて夜襲をしてみたい」と、しみじみ述べる。半年の山猿生活で顔付も態度も、変わっていたらしい。夜、牡丹江に着くが、逸早く、酒と料理の店へ入る。当夜はどこへ寝たか分からない。翌朝K君が私の財布を返してくれた。精算してくれたらしい。二〇円有ったのが、残り一〇円になっていた。

牡丹江へ行くと、シベリヤ鉄道従業員を満載した列車が止まっている。満州里まで満鉄（南満州鉄道株式会社）が買収した。ホームに止まっている客車へ入ると、右窓側は狭い廊下で左側は二段と三段の客室になっているので、私は寝台車と勘違いして、次の箱へ入るとまた同じ、三度目にやっとシベリヤ鉄道と悟った。道理でと二段の客室へ入る。が何としても狭い感じである。発車して落ち着いた所で武装品等は仲間に頼んで、K君と食堂車に入る。食物やコーヒーを取ってねばる。途中の駅々で下車する人々は迎えの人と皆抱き合う。どうも馴染まない風景である。食物とコーヒーのお代わりで哈爾浜まで食堂展望車で過ごす。日本人のホテルへ泊まった。昨夜の馬鹿騒ぎで疲れているので、すぐ寝込んでしまった。翌朝T君がホテルに戻って来ない。どこかで酔いつぶれているのだろうか。隊長は出発した。胸のうちは如何ばかりで有ったろう。哈爾浜駅にもホームにも居ない。汽車は遂に発車した。次の駅は香坊である。私達の席が偶然改札口の前で止まった。ホームにはT君の姿はないが、誰かが人を抱えて改札口を入って来る。よく見ると抱えられているのはT君である。私がT君だと言って車外に出ると皆も出て来て急ぎT君を車内へ入れる。運転手さんと気付いて料金は、と聞くと済んでいると言う。親切な人に出会ったものである。乗る汽車の時間を聞き次の駅へ急行するなど神業のような人だった。間一髪のところで汽車は発車した。もしこの汽車に間に合わないと、小隊長は切腹するところだった。本人の告白である。

泰安で下車し連隊に入り、私は小隊長、K君等とともに第七中隊へ入る。山から来た私はどこか違うのか、初年兵達は畏敬する。ここで正式に独立守備歩兵第二九大隊へ転属が発令された。他にも独立歩兵第五一、二大隊（東安・虎林）行きもあった。地図で見ても鄙遠な所である。

この頃、海拉爾方面のジャライノールへ出動した混成大隊も泰安へ引き揚げて来る。ソ連軍と対峙して大変緊張したらしい。大隊長は君達の一発で日本はどんな方向へ行くか心せよと訓示されたらしい。日本の国情を踏まえて行動する大隊長に心服した。自分の功を焦らない良い部隊長である。

四月一八日、独立守備二九大隊、独歩五一、五二大隊転属者約五〇〇名の兵員が営庭に並んだ。土橋連隊長は軍旗を出動させて離隊式を行う。この後、久し振りに会った教官は第八中隊出身者を集め、最後の訓話をした。何故かこのT教官との別れが辛く、呆然して涙が出た。入営以来、次から次へ変わる軍隊事情に流されて次の勤務先へ行く。変われればこれまでの実績はパー、新規やり直しとなる。だが教官は伍勤申請だと私に告げた。

〈鉄嶺〉　四月二〇日、住み慣れない仮宿の泰安鎮兵営を後にして、汽車に乗る。途中の北安鎮丘陵に建っている赤練瓦二階建の兵舎群、見るのは今日で三回目、車窓からも目立つので印象に残った。翌日は新京（長春）周辺を眺めて初年兵時代を思い出す。午前十一時頃、鉄嶺駅で下車して市中の兵営に入る。

兵役余話（八）――拉林鎮（1）　昭和一一年（一九三六年）

鉄嶺の兵舎には初年兵達がひと足先に入っていた。北海道の出身で、三月一日、錦県の兵営に入隊して一ヶ月半の教育を受け、歩兵第二九大隊新設要員となって、鉄嶺に着いたという。皆体格が良い。

T特務曹長は第一中隊付となり、太平溝のH軍曹と、元分隊長のT軍曹と私、K上等兵、M君と第二中隊（中隊長N大尉）へ編入となった。元、第八中隊の兵も多く入っていたので、第二〇連隊の続きのようである。

〈編成式〉　四月二六日、鉄嶺の竜首山上において、新設第五独立守備隊（司令部は哈爾浜、司令官は安藤中将、麾下、歩兵第二五、二六、二七、二八、二九、三〇の六個大隊）の歩兵第二九大隊は編成式を行う。五月晴れのそよ風吹く山上は、新しい軍服軍帽に守備隊襟記章も光って美しい風景である。

菱田大隊長（中佐）の勅諭奉読、訓示の後は分列式で型の如く、式は終了した。第一中隊の顔触れを見ると、元第八中隊の者が多勢いるが話は出来ない。第一、第二中隊は山を下って兵営にと戻る。

四月三〇日、鉄嶺の兵営を出発して汽車に乗り、哈爾浜経由拉法の線に入り、双城県拉林鎮の駅で下車し、拉林鎮の繁華街等を一巡して、元酒造所の大邸宅に入る。以前にも日本軍が使っていたらしい。北興鎮の邸宅と同じ位だった。第一中隊は大隊本部とともに五常に駐屯する。

私は第一内務班に編入、班長はH伍長、班内の先任のN伍長勤務上等兵は人事事務助手となる。次は、O上等兵と私である。K上等兵は隣の二班になった。O君と私は第一班の初年兵教育掛助手を命ぜられた。O君は泰安で既に二〇連隊の初年兵を教育している。私は山猿の上等兵、とても太刀打ちは出来ない。奇遇だが、O君は私が初年兵時の班長K伍長とは、会社の同僚だったので大笑いである。

教官のT少尉は特進将校なので士官学校出よりは柔らかい。週番士官の時、私が駅分遣隊司令の上番に付いたので拉林駅の見取り図作成を頼まれ、当夜は寝ずに構内を歩測して書き上げ、渡したのである程度のつながりが出来た。

当中隊の装備は普通の小銃中隊に、山砲（口径七センチメートル）、歩兵砲（口経五センチメートル）、九二式重機関銃（口経七・七センチメートル）。従って馬が十数頭。厩、蹄鉄場、炊事場、酒保、浴場、衛兵所、トラック一台の大世帯、電燈はなく、石油、ランプである。オンドルは使用せず冬期は石炭のダルマストーブ。一、二班の境目は私と二班のS上等兵の藁布団で、このS君とは、後々因縁の深い間柄となる。勤務が多い。部隊の衛兵、列車警乗、駅分遣隊、鉄橋守備（一週間）、大隊本部当番（一週間）、郵便、命令の受領兵、厩番、炊事、酒保、医務室など。

N中隊長は満州日々新聞を一、二班共同に買ってくれた。新聞には大見出しで川口中尉遺体引取交渉と載っている。第五中隊出身者に聞くと、正しく太平溝で私の小隊長をしておられた方である。毎日の新聞が待ちきれない。事態は綏芬河方面で越境されてソ連軍に発見され死亡されたらしい。その後、日本軍に渡された。私は初年兵教育に没頭する。

〈会竜山〉　大隊本部のS中佐指揮の下、我が第二中隊が会竜山中に潜む残存武装勢力を攻撃したのは五月一八日のことだった。早朝トラックで背陰河駅付近に向かって走り山麓で下車する。私は第一小隊の重擲弾筒手兼、伝令である。今度は弾薬手が付いた。執銃で補充の榴弾一〇発を携行する兵は、荷馬車で苦労したM君である。五月も半ば過ぎて山林は繁茂して、細い道を上ると左右しか見えない。初年兵達は初めての戦場なので、すごく緊張している。やがて稜線の一部に着いた。谷底を見下ろすと、潅木の中に群がっている敵が見えたので、小隊長は私に射撃を命じた。榴弾一〇発持っているので榴弾を発射した。谷底で着弾音と土煙が上がると、敵は蜘蛛の子を散らすが如く四散する。続いて二、三発と撃って、ふと見回すと、誰も居ない。二人は置いて行かれた。一〇メートル先は枝葉で見えない山中である。細い道一本なので小隊が行ったと思われる方向へ登って行く。地図もない、場所の見当もつかない、と言って、戻れば元の位置に出るが離脱になる。前進あるのみである。潜んでいるかも知れない敵を警戒しながら行くと、運良く第二小隊が登って来た。地獄に仏の如くである。第二小隊長に理由を話して隊列に加わる。第二小隊は敵を求めて山中を進んだが、敵は谷底に逃げた一群のみらしい。日暮れになったので第二小隊は下山し麓の民家へ泊まったら雨が降ってきた。

第一小隊は途中道に迷い、折柄の雨の中を一晩中彷徨い、夜が明けてからやっとこの村に辿り着く。私達は暖かいオンドルの上で一夜を休んだので、何が幸いになるか分からないものである。敵も逃げたので、今回はこれで終わりとなり、ホッとして拉林兵営に戻る。明日は兵器検査の予定日である。

七、伝令

昭和一一年（一九三六年）五月二〇日

午前五時、非常呼集の喇叭が鳴った。前二日間の戦闘行動で疲れているが、急いで出動準備をする。編成は前日のまま、第一小隊長付伝令兼、重擲投手である。前日までの消耗弾薬を各自補給し、整列する。警察情報では、一群の敵が拉林鎮近郊を行進中なりとのこと。第一小隊長は先遣隊となって、これを攻撃すべしと、中隊命令が出る。T小隊長は警察官を道案内にして、小隊を率いる想定地域に駆け足で向かった。指定された場所に敵は居ないので推定方向へ行くと、中隊本部所属第二小隊が交戦した跡の所へ来た。畑の中に敵兵二名と味方の兵一名が横たわっており、衛生兵も居る。頭部は全部棚帯で巻いてあり誰だか分からないので、聞くと、軽機関銃分隊長の関口上等兵と答える。私は驚いた。初年兵時代からの同僚で、先日も金一円都合してやった親しい仲である。悲しみの余り膝をついて関口よーと声を掛けた。途端に鼻から鮮血がどっと吹き出て顔面が染まった。霊は未だ体に残っていたのか、喜んでくれたのかと、こみ上げる涙を押さえて合掌する。別れを告げて小隊の後を駆け足で追った。分隊長は先頭に立つので敵の目標になる。攻撃前進して、地に伏せて後方を振り返り軽機関銃を呼んだ時に撃たれたらしい。

小隊は拉林河右岸に中隊の布陣している場所に到着する。河を泳ぎ渡った敵は、河畔に布陣し、渡河中の者の援護射撃をやっている。中隊はこれに応戦して彼我の弾丸が河を跳び合っていた。

河畔を這い上ってゆく敵、泳いでいる敵を眺めていると、傍のN君の胸部を敵弾が貫通した。いつ弾が当たるか分からない状況である。彼我の射撃中に、第一小隊は渡河せよと中隊命令。敵が泳いで渡ったので、こちらもと言う訳であるが、日本兵の装備は重い。河には入ったが流れの勢いもあるし、それに、五メートル位ゆくと腰まで水に漬かり身動き出来ない。敵はそこを狙ってピュンピュン弾は飛んで来て両側の水の中へ落ちて飛沫を浴びる。味方の援護射撃で敵も頭を上げられないのが幸いで正確な射撃は出来ないらしい。水に漬かったカンパンが心配だ。朝食前なので溶けたら食べられない。命令はないが、今のうちにと出して、泥水と一緒に口の中へ流し込むのも敵弾の中、河の中で身動き出来ないので渡河は中止となった。

しばらくすると、船頭付の小舟が見付かったので、改めて第一小隊に渡河の命令が下った。ただし、一回に兵は二名しか乗れない。先に渡った私は、今まで敵の居た河畔で待つ。上陸した敵は格好の陣地を見つけて射撃してくるが体は現さない。屍体の衣服ははぎ取られ、内臓も取り出されている。負けるとこうなるのかと改めて戦場の恐ろしさを知った。敵は退いたと見えて弾はあまり来なくなる。

小隊長と警察官に兵一四名が上陸した時点で舟が使用出来なくなったので、上陸した兵力だけで、攻撃することになる。兵力は軽機関銃分隊、小銃分隊、合計で一三名。私の重擲弾筒（弾一〇発）である。河畔の稜線を越えると、待っていた敵は猛烈に射撃する。敵が機銃は持っていないのを幸いに、私は射撃命令が出たので、敵線の中央を目標にして撃った。着弾すると三メートル位の土煙が上がる。軽機と小銃の猛射撃で敵のひるむ隙に、私の榴弾でいたたまれぬ敵は後退して行く。負傷して逃げられない敵は命の終わるまで射撃をしたのか、屍体の傍には、薬莢（打ち殻）が散らばって積もっていた。私は一〇発の弾を撃ち果たしたが、弾薬手達は未だここへ来ない。軽機も弾丸がないと、大声でその場から報告して来る。小隊長の許に居た私は、敵の死体まで這って行き、襷掛けの弾袋の紐を解き、弾を鉄帽の中へ入れた。三体分で一杯になる。これを軽機に渡すが火薬が弱いためにピストンが動かないので、弾を散兵に持って行き交換して軽機に渡したが、それも飛弾の中。

小隊長の許へ戻ると、弾のないことを中隊長に報告せよと命じられて復唱したが、立てば眼前の敵にみすみす撃たれる。這えば教育掛助手の上等兵が最初から這って行った

七、伝令

と生恥をかく。瞬間、ままよっと決心して行って参りますと立ち上がって駆け出す。三歩目の足を出しかけた時、頭の後ろで伏せろっと押し被せるように大声がしたので足を曲げその場に伏せた。同時に体上を掠める敵弾の音。生死は間一髪の差だった。ここで三歩までなら立っても大丈夫と自信がついた。

伏せたその場から立つのは危険と教育されている。左へゴロゴロと三メートル位回転して位置を変えた。立ち上がって駆け、三歩目に体を地面にぶつけると敵弾は体の前に刺さる。ほんの一瞬の差だった。敵の意表を突くため、左の左、正面、右と変則的に立つ。やがて低い姿勢で行き、立って駆けだせる地形に到達して虎口を逃れる。かくて七回目は不思議な大声の指示により助かった。

日没で、平坦な耕地には何の目標もない。畑には何も生えていない。もし方向角度がずれていると、目的地が分からなくなる。心配しながら駆けていると、上陸して攻撃した時、敵の居た斜面上方に来た。下方に河が淡く光っている。小踊りして一気に河畔まで下りる。闇夜なので対岸は暗幕のよう。中隊の位置は皆目分からない。付近には敵が居るかも知れぬが、対岸に向かって、中隊長殿っと、二回叫ぶ。と、オーイーと返事が近くから来る。ナアンダーと思いながら、闇の中を近寄る。中隊は舟を探して、やって今全員の上陸を終えた所で、幸運だった。中隊長に「第一小隊弾薬ナシ至急頼ム」と報告し、「帰リマス」と申告して一目散、闇の中へ駆け出すと、待てエーと呼ばれて止まる。一緒に行けと命じられた。闇の中から時々飛んで来る敵の流弾が道案内。中隊は闇に紛れて急行し、一斉に突撃した。残存の敵は悉く退却し、戦いは終わった。私は如上の行動を小隊長に報告する。私の出発した後、O君が戦死したのも聞く。警察官は敵の武器を収集し、戦場整理の準備をしている。中隊は戸板にO君の遺体を載せ現地を出発した。闇の中、部隊は粛々と進み、夜明けに拉林鎮北門に着く。近くの空地に関口君の遺体が安置してあるので〇君も一緒に安置する。なお、N君が渡河中に被弾のためか行方不明になった。

（この事件は五月二四日の満州日々新聞の記事に在る）

兵役余話（九）――拉林鎮（2）昭和一一年（一九三六年）

〈火葬〉　中隊の渡河中にN君が被弾のためか、行方不明になった。現在でもまだ行方は分からない。薪と石油が運ばれて来た。私達の握り飯も同時である。食事は、一昨日の夕食以来、昨日濁流の中で食べたビスケット型の小カンパン一袋のみだったので、握り飯を見たら食欲が出て沢庵漬とともに口に入れる。

薪を敷いてその上に関口君と〇君の遺体を並べて、また薪を重ねる。私の他三名がお守り役である。石油を掛け点火し、合掌する。お題目しか知らないので唱題する。拝むうちに折柄霧雨が降って来た。石油を注いで火勢を煽るが煙は霧雨に押されて、地上を這う。私達も煙の中に立っている。黙然として今、煙となって消えて行く遺体を眺めて、悲運な戦友達の冥福を祈りつつ合掌。

薪を重ね、石油を注ぐうちに御両体ともに変化されたので、届けられた白包の箱の中に納骨する。私は関口君の遺骨包みを、Y君はO君の遺骨包みを捧げて、部隊の営門を入る。衛兵は整列して喇叭手は「哀しみの極み」を吹奏する。両側では部隊全員が出迎えている。厳粛の雰囲気の中、両君の遺骨は安置室へ納まった。戦死三名、負傷一名の激しい戦闘は軍務とはいえ誠に悲しいことである。

拉林河畔の戦闘は、五月二三日頃、満州日々新聞の三面に小見出しと三〇行位の文で載った。隊内安置の二柱は、故郷へ帰る。O君のはH軍曹、関口君のは私が、遺骨宰領者と五月二八日に発令された。二柱共、東京出身である。関口君は父母も既に亡く、親戚の家とのことだった。東京へ帰れば私の家にも寄れるが、同僚達が実家へ寄ってくれと頼む。出張中は拳銃を携行するので、その準備をする。翌二九日、今日は部隊戦闘の演習で遠くまで出掛けて帰隊の途中痔が出た。我慢してやっと戻ると痛くて動けない。五常の大隊本部から軍医の往診で入院と決まった。翌三〇日はT教官が付き添いで、哈爾浜陸軍衛戍病院外科に入った。一週間程で痔は治ったが、切り取ることになり手術である。術後一週間で痛みもしばらく取れた頃、戦友のH君が見舞いに入って来る。北海道の純朴な青年である。夏みかんを出したので不思議に思って問うと、脚気で入院し、夏みかんは薬にもらっているので私に食べさせようと思って持って来たと言う。私も感謝して頂く。次いで私の代わりの遺骨宰領したK上等兵も入って来た。太平溝以来一緒の彼、高校卒業なのに、この入院で損したなと同情する。その他にも一、二中隊の兵が居るので賑やかだった。日曜はレコードを借りて病室で掛けている。巷間で禁止の「忘れちゃいやよ」も、ここでは堂々と聞いている。呑気に四十日程遊んで、七月五日に退院した。急いで帰らなくても差し支えないので、市電は無料と聞き、まず埠頭へ行き、写真で馴染みの外輪船を眺め、極楽寺へ入って極楽のサンプルを見る。電車に乗って下りて歩くと競艇場のような所へ出た。迷って歩くうちに、横川、沖両志士の碑の前に出たので拝礼し、やっと電車線を探して駅に着くと、入口から菱田大隊長が半マントを来て出て来る。司令部に用があるなと思って、直ちに停止敬礼する。大隊長は、赤い軍帽の私にビックリして「どうした」と聞く。「第二中隊〇〇上等兵ただ今退院して拉林へ帰ります」と答える。「気を付けて」と、言われて別れた。守備隊襟記章の兵は無料乗車である。拉浜線のホームには、伊藤公事件(伊藤博文暗殺事件、一九〇九年)の標があり、幸いに列車は止まっていたので入る。この線は山家屯までは我が大隊の警乗である。大雨の降った後と見え、平地の沿線は水浸しである。車内で菓子を買ってのんびり食べる。拉林で下車。馬車《マーチョ》に乗って部隊へ戻ると、初年兵第一期検閲は終わっている。拉林河下流でN君が発見される。自殺者も出る。同僚のO上等兵は伍長勤務に進級(さもありなん)している。私は何と二本目の精勤章である。次から次へ驚くことばかり。入院中に精勤章など思いもよらぬ、思えば拉林河畔の戦闘中、軽機の弾薬集め、伝令を評価されたのか、同僚の悪口や苦情は無かった。次の日、事務室に呼ばれる。

〈酒保〉　炊事と酒保助手の上等兵交代時なのでどちらを取る、と聞かれる。炊事は朝早いので病院帰りでは自信がない。炊事班長は太平溝のH軍曹である。結局酒保係を取った。現在の係は隣の寝床の第二班S上等兵で、一切を申し受けた。高等小学校で簿記は百点をとっていたので一番好きな課目だった。品種の原価と売価の計算、日記帳までどんどんこなして行く。夜だけの仕事のようであるが、昼間もいろいろ用がある。が精勤章の手前、時々演習や銃剣術には出る。ある日、大隊本部から第二中隊に重機関銃一分隊出動の命令が来た。中隊長以下演習に出ているので、当番等の勤務者しかいない。私も行けと言われて重い弾薬箱を背負う。編成されると駅まで駆け足である。二キロメートル以上離れた駅のホームまでやっと耐えて辿り着く。他の物は初年兵が背負っている。もし落伍したら大恥と身を殺して痛みを我慢した。到着の客車に入り、山家屯の手前で右側窓の鉄板を下ろすと、乗客達は何事かと顔色を変える。いよいよ目的地へ来たかと私も覚悟する。重い弾薬箱を背負って、敵に向かうのか。汽車は止まった。下車すると、遙か向こうに煙が立ち上っている。あそこかと、眺める。汽車は停止したままである。さあ前進とは中々命令が来ない。しばらく経って戦闘は終わったと知らされる。第一中隊が交戦したのでその応援だった。ヤレヤレと汽車も出て行く。哈爾浜行きの汽車を待つ間休憩。拉林駅からは並足で少し楽である。どうやら弾薬手も無事勤まる。重機班へ行っても、よくやったと、誉めてくれる。馬の運動にも連れていってもらえた。富士山での経験も役に立った。

安藤中将が巡視に来るので酒保で休んで頂くことになる。清掃し中隊標語もN伍長勤務が書き替える。司令官一行はサイダーなどには手を付けない。帰った後、片付の初年兵に飲ませて破損の伝票を切る。

〈諸勤務〉　酒保勤務も交代した。最初の仕事は列車警乗長、以下七名で軽機関銃一丁を持つ。拉林駅で交代し、山家屯で拉法方面の警乗兵と交代して、哈爾浜駅で終わる。五常の辺りで冬は暗くなる。乗員に窓の鉄板を下ろしてもらい、兵力を一個所に集中。散らばっていては万一の時にどうにもならない。指定席は二等車内である。譲ってはいけない規則であるが、兵隊が座って将校が立っているのも見苦しい。将校が大勢乗ると、下級将校が売り子のキャラメルを買って私に御苦労さんと言って出す。意中は分かっているので受け取って皆に分配し、巡察と言って座を外す。三等客車の空いている席に兵を座らせる。哈爾浜駅で下車し、控え室に入り、夕食を摂る。翌朝の一番列車に乗務し拉林駅で本日の上番者と交代して終わる。

次の勤務は郵便護送、毎日出ます。今日は私の番、五常の大隊本部へ送りの郵便物を持って行き、命令、会報、受領（普通は曹長の仕事）し、郵便物の受援をする。駅までは往復共、全部馬車を使用。こうした勤務の間に演習や術課が入り、次は鉄橋警備で拉林河の上流、忙牛河に懸かる鉄橋の分遣隊長として一週間。装甲軌道車で行く。背陰河駅と次の駅の中間である。五月に行った会竜山系の続きが切れた所が鉄橋になって、手前のコンクリート哨舎は、敵に銃眼から手榴弾を投げ込まれ全員戦死したので開かずの扉。我々は橋向こうの哨舎に勤務する。第二中隊の警乗兵が菓子を投げてくれる。自炊で、楽しい一週間。

毎月レコードを買ってくれます。この頃「満州吹雪」が入った。皆気に入って音丸さんの声を聞く。

〈服役延期〉 二月一日は満期除隊どころか、来年三月一日まで兵役延期である。三年兵となる。この頃、中国では西安事件が起こり、また何か始まるかと、毎日の新聞を見ては心配したが、無事落着。

二月一日、最後の進級で上等兵が大勢出来る（伍長勤務上等兵は満期時に伍長に任官）。私はS君とともに三本目の精勤章をもらった。これは希少価値が大きい。後に苦労したり、役に立ったりである。

二月六日夜、拉林付近に敵出没の情報により、急拠中隊長以下出動す。駆け足で行くが所在不明。

習うことは何もなく、寒いので演習もなし。三年兵に乗馬訓練をとのことで早速申し込む。今日は下士官指導の下、正式訓練で思い切り馬を乗り回した。終われば馬の世話は初年兵に頼む。

〈帰還〉　三月四日、待ちに待った除隊式。兵思いのN中隊長の別れの言葉に送られて拉林兵営を出る。拉林駅より大連駅、大連港より輸送船で、時化の黄海を行くと、ごろごろごろごろと左右に転がる。似ノ島で検疫して広島に上陸。かき酢で一杯やって汽車に乗り東京駅へ着く。大勢の出迎えだった。

八、召集

昭和一二年（一九三七年）一〇月一六日

昭和一二年七月七日夜、北京の近く、盧溝橋畔で日本軍と中華民国軍が交戦した。複雑な連鎖反応は、私の知る所ではないが、事件はどんどん進展し、上海へも飛火した。日本軍部は、大動員してますます戦争を拡大していった。東京の部隊も早くから動員されて、私の近辺からも召集されてゆく。会社では毎日のように歓送式があり、最も若い除隊兵の私は、おちおち仕事も手に付かない。遂にはノイローゼ気味になって会社を辞めた。一週間も遊ぶと、みっともないため、また勤めに出る。軍需品工場で七〇名位が働いている。私は部品の仕上げ作業で手仕事である。若い班長が親切に教えてくれる。

上海戦線は全滅続きの惨状で、計理部が銃を執っているとの風評である。そんな時、工場から帰って来ると、幟や旗が夜目にも賑やかに家の回りに立っている。どこの誰が征くのかとよく見ると、何と私の名前が書いてある。覚悟はしていたが、上海行即白木の箱入りである。地獄の戦線へ投入されるのかと、真っ白になった頭は思考停止した。万事休す。家へ入ると親戚、町会等、大勢の方々がお見えになり御餞別を下さる。料理もたくさん並べて有った。親兄弟との別れの宴も賑やかに終わる。親の気持ちは如何ばかりであったろう。国のためという大義に召集者の家庭は破壊されていった。

召集令状に「加歩一」記号がある。私は戦死された加納連隊長の加と思い込んで上海

昭和12年10月、東京歩兵第一連隊留守隊に応召。上海行きを覚悟していた。

行きと確信した。

一〇月一六日、指定の赤坂区桧町、留守東京歩兵第一連隊（現、赤坂九丁目の旧防衛庁跡地）へ行く。あいにくの雨だったが、四月に頂いた勲八等白色桐葉章と満州事変従軍記章を付けて、見送りの方々と貸切バスに乗る。兵営前で降り、万歳して営門を入った。今日応召したのは約三〇〇名で、昭和九年兵が半数、昭和六年以降が半数。二八名で一個班を造る。第三中隊（石本部隊、江口隊）に編入の二個班のうちの一員に私はなった。歩兵第一連隊出身者は、先輩と後輩が旧交を温めている。軍隊も内面では、階級よりも年次を重んじる。満州の部隊に居た者は胸に略綬を付けている。私も外出時に九段下で求めて付けた。一日で召集兵と分かるので都合が良い。

営内では全員、赤鉢巻の軍帽を被っている。二階の班に新しい戦闘帽を被っている班が有ったが、私達も支給されると思い別に気にしていなかった。ある夜、日曜でもないのに、二階の一個班が大宴会で騒々しい。何で、と思いながらトイレに行くと、入口でパッタリ会ったのは、太平溝駐屯時の、水天宮のS君。戦闘帽を被っている。奇遇に話し合ううち、明日上海へ赴くと言う。今夜はそのための大宴会であった。唖然とした私は、出す言葉もない。暗黒の戦線、万死一生の戦闘。黙々として私は別れた。いずれは自分も征かなければならない。ここに居るのもあと幾日か。戦闘帽は上海行きであった。

祭壇に白布に包まれた何百の遺骨が安置されてある。上海の歩兵第百一連隊と北支の歩兵第一連隊の兵士達。黙祷して目を開けると、小学同級生T君の写真が前に有った。嗚呼、君も……、現役二年兵は軍の中堅である。敢然と軍命に従ったのであろう。またしても暗然となる事柄ばかりである。

一〇月二四日、靖国神社臨時大祭。在京部隊が全部参拝のため、九段付近で長いこと休憩となる。この間、艶めかしい国防婦人会の方々から茶菓の御接待を受けた。出発して大鳥居を入り、社殿近くで横隊になる。大隊ごとに着剣捧げ銃、「国の鎮め」の喇叭吹奏で拝礼をして下る。鉄道線路側の門から出ると、一気に駆け足。四谷見附南側の土堤下でやっと並足、汗ビッショリ。午後は外出許可となる。

農家の御主人は妻子を思い、わずかな兵の給料を家に送り、酒保へ行かず外出もしない。独身者から見れば、お気の毒である。私は外出時には、昼食の携行食パンと夕食を食べてくれるように頼む、せめてもの心尽くしである。死地に赴くかも知れない御主人の心のうちを計れば思わず涙のにじむ思いだった。家族を捨て、財産を捨て、恋人を捨てて、やむなく征く外地。面白がって行ったのではない。

演習も始まる。代々木練兵場で陣地攻撃、地形の名称に日露役の戦地の名前が出てくる。演習の内容はどこも同じで突撃で終わる。帰りに小田急線の側を通り表参道へ出ると、水道がある。ここへ集まって飲む。これは外地では出来ないことで、外地では生水絶対禁止である。指揮官は家のない所で休憩をさせる。夏場でも演習に持ってゆくのは水筒一本で補給はない。これも水のない戦場を想定しての訓練である。

面会の呼び出しが来た。あいにく演習用の継ぎ剥ぎだらけの服（襟布を付けたら不可と注意される）だが、着替える暇も惜しくそのまま飛び出して面会所へ行く。父が来てくれた。重箱の中には鮨が一杯詰めて有った。思わぬ御馳走に、二つ三つ呑み込む。何の理由か長く留め置かれるので色々有難いことになった。父に上海派遣部隊の出発と私の行先未定を告げる。T君の葬儀が立派だったことも聞く。

一一月一日、行先が正式に発令された。東京歩兵第一連隊補充要員として、満州の北安鎮に派遣。前門の虎口は脱したが、また新しい大虎が待っている所へ据えられた。何年も軍備大拡充をやり、重機械部隊を揃えてあることは新聞や本で知っているが、教育では聞いたことがない。日本兵に恐怖心を起こさせないためか、戦車が来るとか、トーチカ陣地が並んでいるだけと教えられた。

連隊の兵器庫へ行き、銃器一切、被服庫で服装一式、全部新品で水筒だけは日露戦役（？）の古物だった。四日午前九時、営門出発、品川駅行きを父の許に葉書で知らせる。農家の御主人は歩兵第三連隊補充要員に加えられた一同の中に入り、慌ただしく別れを告げて転隊してゆく。私は果たして東京へまた戻れるか。

一一月五日、営門出発。行進して札の辻（高輪）から京浜国道へ出ると歓送列中にいた小学六年の弟が私を見付けて、隊列に並んで歩く。品川駅では時間が有ったので家族、知人との宴会も出来た。午後二時、軍用列車は下関に向け発車の汽笛を鳴らす。第八回目の死からは間接的に虎口を逃れた。

召集余話――北安鎮　昭和一三年（一九三八年）

〈満州派遣〉　品川駅を発車。親族との最後の別れと小旗を振りつつ車窓から乗り出す。翌六日の夜、下関着。連絡船徳寿丸に乗る。運良く二等船室に入れた。間もなく暗闇の海へ出航。船室が良いためか、話に夢中だったのか、デッキに出なかったので、星空に気がつかなかった。翌朝はデッキに出ると、大きな島が左側に見えた。間もなく水平線上、幽かに山が浮かび上っている。昭和九年の時と同じような状況である。釜山港に上陸すると、岸壁近くで赤い腰巻をした海女さんが一〇名位潜って何か取って来る。見ると屑鉄である。前に取って来たのが積んである。とんだ景物に見惚れる。汽車を待つのか、小高い所の公園のような色街のような場所で長いこと休憩となる。これも初年兵の時と同じであるが、色街は無かったように思う。二度目なのでこれから先が分かる。午後二時頃駅へ行き、三時頃発車した。京城―平壌、翌朝霧中の鴨緑江鉄橋―安東（現、丹

北安鎮の丘の上に連立する兵舎

東)。前回と時間も同じである。本渓湖駅に立っている憲兵上等兵は、拉林での同僚N君。向こうも見つけたのか、窓辺に来た。一週間前に私達の先行応召者が往ったと、拉林同僚の名前を挙げて教えてくれた。奉天―四平街―新京。洮南線へ入ると夜が明けて、右の車窓から朝日が見える。一本の木もないといっても良い程の景色である。北へ一直線に走って行く。左車窓の斜陽を眺めつつ斉斉哈爾で下車して、第一師団司令部らしき所へ入ったがしばらくして駅へ戻る。

汽車に乗り北安鎮に着いたのは翌一〇日の午後だった。前に、三回も印象に残った赤い兵営に入るのも不思議。

〈北安兵営〉　営内へ入ると、第二機関銃中隊に入った。皆、大同付近の戦線から戻って来たばかり。色々と戦話を聞いているうち、留守隊の祭壇で見たT君が、この中隊の兵だったと分かる。重装備で苦労の果てに倒れたT君を偲ぶ。太原で第五師団が全滅したと聞く。後に第五師団の一部と判明。噂は常に誇大に伝わる。

昨日、寛甸地区より移駐した混成第二大隊も合併した。私は第六中隊渡辺隊第四班に配属された。二階の班室である。班長はA軍曹。六中隊へ入った召集兵は約五〇名、内、半数は第六中隊出身者である。現役兵の中に先輩方が入ったのである。内務班では階級序列より年次序列を重んじるので、現在は軍曹でも、入隊時は先輩方の初年兵または同輩だったと言う訳で、召集の一等兵が軍曹を呼び捨てにする。あとの半数は出身部隊が違うので、一応階級は重んじる。私は現役時代に下士官の仕事をやっていたので、上下の区別はきちんとつけたので、若い下士官連中に好かれた。

第三大隊は北安へは来ないで洮南に分駐する。北安は二個大隊で、対ソ連に備えて演習をする。私は精勤章三本持ちという訳で、N中尉にいろいろ、試される。演習には斥候に出される。現役以上である。三年兵の意地で頑張った。ある時の演習途中、准尉が全員に装具外しを命じ、巻脚絆も外す。准尉は目を光らせている。外す時も一番。背嚢を

酷寒期の訓練の様子

背負うのも一番だった。たまには良い所を見せた。
一二月一日、現役二年兵は三年兵、初年兵は二年兵、我々召集兵は四年兵となる。伍長勤務上等兵一〇名は伍長に任官、即日召集となった。昇格に漏れた候補生二名が伍長。二年兵の志願者二名も伍長となり、伍長が一四名一遍に出来るが前述の通りで下士官の威力はない。応召兵は依然としてお客様である。

〈軍旗祭〉　明治七年（一八七四年）一二月七日は歩兵第一連隊に軍旗が親授されたので、毎年同日に軍旗祭を催す。我が中隊も応召のO少尉と、応召のM上等兵が兵員を指導して寸劇を演じた。当日の昼食は御馳走で、お酒もたくさん出る。二〇連隊に居た昭和一〇年の七月二五日は出動中のため、また一一年は転隊のため参加できなかったので、私には初めての軍旗祭だった。兵士等の余興を見る部外の人々も来営。

一二月は白一色の世界である。暁には零下二〇度以下にもなり、夜間の演習や勤務も誠に辛い。約二キロメートル先の丘の上に在る、戦闘地区用弾薬庫の警備にも時々就くが、白一色の天地に独り立っているのも実に壮快である。満天の星を独り占めで眺める。夕焼、朝焼の色の変化、特に夕刻の変貌する世界は楽しい。北方丘陵の白天地に汽車の煙が幽かに見える。黒河発の大連行き列車である。北安に来るまで煙が見えてから約三〇分かかる。黙然として無人の天地を眺めている時、歩哨勤務の楽しいひと駒である。

夜間攻撃演習は辛い。薄暮に所定の場所で攻撃準備をして日没を待つ。氷雪の上で一時間以上も伏せている。たまりかねた者が立って足を踏んで居るとN中尉は命令違反と散々懲らす。軍隊は何事にも耐える訓練で、敵前の場合は、立つことなどは出来ない訳である。将校の怒るのも無理はない。

〈慰問団〉　酷しい冬が終わり、四月になると演習場に、鈴蘭が咲く。野鹿の群れにも

昭和13年4月、北安鎮兵営にて。演芸慰問団の東海林太郎氏（後列左から三人目）

遭う。そんな時、東京から歌曲の慰問団が兵営に来た。将校集会所が会場になり、兵士達で一杯である。東海林太郎、二葉あき子、青葉笙子、その他、浪曲、講談師の方々で、何しろ当時流行した「国境の町」はまさしく満州に合った唄である。

〈護衛〉　北安地区での迎撃作戦企画のため、地形偵察をする。当連隊の第二大隊副官（後に知る）H中尉、野砲第一連隊の中尉、軽重隊の中尉、三将校の護衛兵が第六中隊から出た。T伍長以下八名で私もその中に入った。草も生えかかって、風のない時は暖かい。北安から克東県方面へ行く。地形の偵察であるから、下馬して相談、記帳するので余裕たっぷりの速度である。蛇行する川の辺りに出る。谷間のような深い所を流れているので、曲がった川に沿って曲がって歩く。面倒な場所もあった。

将校が下馬している時は我々が乗れる。喜んで走っているうちに日暮れになった。ふと気が付いた時は一行の後方だったが、先は土地が低くなっていて夕陽の光線の下になり暗くて見えない。しまったと焦る。その先に灯のともった一軒家が見えたので、あそこへ行って、駄賃を遣り、一行の泊まり先を探してもらおうと思った時、馬には見えていたのか、逸早く、どんどん一軒家に向かって行く。小門を入ると馬扱い兵のＦ君が細長い水槽に水を入れていたので馬を頼む。やっぱり馬は知っていたのだった。

当夜はこの家に泊まり、オンドルの上に寝る。

翌日は二克山が近くに見える。広野の中に神座の如くである。地理を視察している時、野鹿の一群が走って来た。撃てとは言われないが、Ｈ中尉の面目も立てねばならぬ。歩兵の本領の見せ所である。野鹿には気の毒だが、目標白尻毛。鹿は足音が聞こえないと前向きに止まり後ろを見る習性があり、その瞬間を狙う。一斉射撃で三頭倒す。Ｈ中尉も喜んでいる。他の中尉も私の後ろに居てＳ上等兵の弾が当たったと誉めてくれた。二頭を馬の背に振り分けに載せ、一頭は荷馬車に載せて行く。通り掛かりの小姐《シャオジェ》が野子《ヤーズ》と言って驚く。しばらく行くと、野鹿への射撃音を異変と思ったのか、我々に向かって弾丸が飛んで来る。一時は地面に伏したが次の射撃がないので立つ。私は品川駅で弟にもらった日の丸の小旗を銃に付けていたので、左右に振り日本兵であることを示す。不行《プシン》と叫ぶ。その場は納まった。その夜の宿屋で野鹿は料理と交換になったらしい。お皿はたくさん出た。翌日も広野を行く。流行歌の雰囲気に溶け込む。次の日は野焼の煙に囲まれて這う這うの体で逃げる。日本神話の古事を思い出す。野焼の怖いのも分かる。

七日間の日程は終わった。克東駅の前に泊まったので、朝食前に何となく駅の改札口まで行ったら、軍用列車が止まっていて車窓から私を呼んでいる。行くと留守隊で一緒に居た農家の御主人だった。奇遇に驚く。出発前夜、歩兵第三連隊へ転隊され、泰安鎮の兵営に入って、今召集解除で東京へ帰るとのことだった。

宿へ戻ると、朝食を作っている。宿の主人も見ている前で親子丼が出来上がると、ホーッと感嘆する。この護衛は本当に楽しい時だった。広野を歩く、馬に乗る、狩りをする、羅子溝生活で野性に返ったのかも。

〈残留〉　北安兵営に帰ると、東京から、初年兵と教育下士、兵が来ていて、班内に中二階が出来ている。召集者は下士二名と昭和九年兵（四年兵）のみ残し、全員東京へ帰っている。またしても残留となった。

〈六月〉　暑さの中、演習場には桔梗が一杯咲いている。帰りしなに皆は、背嚢に差して帰るので、班内も桔梗できれいである。この頃からソ連、北鮮、満州の国境付近の張鼓峰でソ連軍と日本軍の紛争が起こる。そのうち、第一連隊にも出動待機が関東軍司令部より下令された。毎晩夜間攻撃の演習である。丘の上にあるサーチライトを持つ陣地を、三〇〇メートル手前から

昭和13年6月、張胡峰へ出動待機の関東軍指令が第一連隊に下る。
（毎夜夜間攻撃の演習を行う。万一の時、遺骨と共に家に帰る写真がないので、撮った。当時は上等兵）

大隊で匍匐して、陣地の手前から突撃する。蚊が多いので防蚊用の円筒型網帽を被る。敵地へ行けば演習事では済まないと誰しも思ったことだろう。出動して万一の場合、遺骨とともに家へ帰る写真がない。日曜日に来る写真屋さんに撮ってもらう。
ある夜半、週番士官集合の喇叭が鳴った。出動かと飛び起きる。やがて帰ってきた将校は、朝鮮軍（第一九師団）の出動を伝える。関東軍の出番は無さそうなのでホッとする。そのうち、事件は終了。

〈進級〉　六月一日付で一六名の伍長が軍曹に抜擢進級する。七月二一日、演習から帰ると召集の軍曹が私に伍長進級を教えてくれる。進級など毛頭考えて無かったので、晴天の霹靂で顔色も変わる。三年兵の上等兵も二名、下士志願二名、合計五名が任官した。翌日連隊本部へ行く。柳田大佐はまだ着任されていないので十川少将より證書をもらった。次いで大隊本部へ行き、大隊長に申告するが、傍らの副官を見て驚く。四月に護衛したH中尉だった。私と縁の深い拉林の同僚S上等兵も第五中隊で進級した。間もなく三年兵の大部分はN中尉引率の下に中国戦線に転属し、中尉は戦死されたと聞く。
大隊長は朝、下士官を集めて銃剣術をさせる。兵士には負けないようにと励むので私

昭和13年8月、北安鎮兵営にて。東京相撲慰問団の出羽ヶ嶽関。

も上達した。八月、東京から角力の慰問団が来た。五つ島、出羽ヶ嶽、その他の方々である。営内の土俵で相撲を取る。朝、銃剣術をやっていると、出羽ヶ嶽が見ている。子供の棒振り位にしか見えないであろう。私は出羽関の側へ行った。背が高いのと、体温が高いのに驚く。四〇センチメートル離れても浴衣の上から体温が熱く伝わって来る。活気に溢れた強い力がムンムンする。

任官して最初の勤務は北安の第五軍司令部の衛兵司令だった。街の大通りに在る。敷地が狭く、至る所に目が届く。勤務者が皆、真面目な兵士ばかりで、日直士官に今日の衛兵は特別良かったと言われる。

〈秋季演習〉　第一師団秋季演習のため、九月一〇日、北安を出発。翌一一日、瑷琿駅で下車。民宿となる。夕食の副食物の缶詰が原因か、第六中隊の半数以上に猛烈な下痢患者が出た。一二日の朝、続々と荷馬車で収容所へ運ばれて行く。私は幸いに中毒しなかったので、色々手伝う。一三日は演習開始。

第一師団は瑷琿を出発して、孫呉付近の対抗部隊を攻撃する想定である。一四日は昼行軍。小興安嶺の潅木林を行進し、一五日は昼夜行軍。深夜、野砲兵が猛烈に射撃（空包）した。その強い響きで下方の白く光る黒龍江の対岸からサーチライトが発光し、満州国内を撫で照らしている。野砲の音がなくなるとサーチライトは消え、闇の中に黒龍江のみ細い帯の如く望見する。続く行軍に真夜中は疲れが出て眠い。自然に両瞼がくっつく。落伍しては大変と傷薬のメンタムを出して目に塗る。最初は利いたが、しまいには塗っても目が閉じる。苦しんでいるうちに、目が覚めてきた。やっと難儀を切り抜ける。一六日払暁、孫呉の広野で遭遇戦が終わり、休憩となる。枯草の上に倒れるように寝る。寒くて目が覚めると軍衣は霜で白くなっていた。後年、「旅人の宿りせむ野に霜降らば……」の歌に感銘する。当日は孫呉の野砲兵第一連隊に泊まり、一七日、北安兵営に戻る。

〈徳都〉　一〇月一六日、第六中隊に徳都県方面に潜む武装勢力を攻撃する命令が下る。中隊はトラック四台に乗って、冬枯れの広野を進む。私の北興鎮駐屯時、何回も出動した時に見た険しい山の姿も見えた。夕陽の沈む頃、地平線に浮かぶ徳都の街に着く。私は帰りの車を護衛する役目である。五人の部下と同じ家に泊まる。夕食が出来るまで間があるので、家人に二〇銭渡し、小さいジャガ芋を茹でてもらい皆で食べる。

翌日、部隊は地図に五大蓮池とある険しい山の方へ行くらしい。私は四台のトラックを護衛して、北安へ帰る。途中小雪が降り、車上の初年兵達は小声で「国境の町」を唄っている。私の初年兵時を思い出す。場所も同じ、けれども今は下士官、人生の変転に思いを致す。無事北安兵営に着いた。

〈除隊式〉　一一月二五日、二年兵は除隊となり、三年兵となって即日召集され、中国戦線への充員のため、東京の留守隊へ帰還するため、営庭にて除隊式が挙行される。連隊長と軍旗が出動する。軍旗には誘導将校と、左右に護衛下士官が付いている。私はこの日の護衛下士官を、第六中隊の週番下士官から頼まれた。二〇連隊に居た時からやってみたかった軍旗護衛。頼まれた時は神様のお思し召しかと思った位だった。連隊の下士官の中から二名である。余りの嬉しさに顔色が変わったので、三年兵の週番下士官も驚いた。軍装して出場すると、相方は何と拉林以来のS君。何かと一緒について回る。不思議な御縁だった。式が終わると、帰還部隊は軍旗の前を行進して行く。伍長に任官したT君が振り返り、私に別れを惜しんで行く。この前後の行事で、連隊も忙しいのか、軍旗祭に催し物は無かった。

〈孫呉〉　一二月二〇日、薄暮に第一連隊の全員は営庭に軍装整列、連隊長と軍旗が出動。連隊は孫呉兵営に移駐するため、出発である。北安駅に着くと驚きである。何と貨車の中へ入るのだ。零下三〇度にもなるのに防寒外套と掛毛布一枚。発車すると扉の隙間から入る風が堪まらない。三〇分毎に小用停車する。孫呉まで保つかと思う程冷える。半死半生、朦朧となる。早朝、孫呉に着いた時は、幸い歩けた。行進しているうちに活気が出て、体も温まり生気が戻る。平屋建ての兵舎群が見えたのでヤレヤレと思うと、そこは佐倉の歩兵第五七連隊である。歩兵第一連隊は坂を上った所にあった。出来立てで、ペーチカを焚くと、壁土の乾く臭いと湯気が濛々と立ち籠め、服が湯気でベトベトになる。室内には居られないので乾いた場所へ逃げる。大変な兵舎だった。周りの潅木林には狼も出没するという。次から次へと変わる状況である。

我が第一班の班長だったS軍曹が連隊通信部に転じた。今日は第六中隊の下士官連中に馬の運動に来るようにと誘う。私も好きなので、夕食後、一同約二〇名厩へ行く。馬上になった一同は白雪の上を存分に飛ばす。汗をかく位だった。最後の生活なので思いきり乗ったので心残りはない。

一二月三〇日、召集者と三年兵は全員除隊のため、東京の留守隊へと出発する。だが三年兵は即召集もあるだろうと心配する。同郷で私に親しくしてくれた魚河岸の若旦那O君との別れは寂しかった。先夜の馬の運動の時、O君におとなしい馬をと冗談に頼んだら、返ってきた笑顔が印象に残った。我が家へ、妻子の許へ帰れる喜びに溢れる同僚達を見送る。新二年兵のみの班内は急に寂しくなった。

〈除隊〉　軍隊で五回目の正月を終えた一月四日、召集解除で現地除隊し、慌ただしかった孫呉兵舎を出る。私と三年兵二名が北安兵営で鞍山の昭和製鋼所へ就職応募した。内地の給料よりも良いし、満州の生活状況にも慣れているので、何か適当な仕事を見付けるまでと、決めた訳である。黒河発大連行きの汽車に乗って、暖かい車内から酷寒の北満州、白色一面の風景を眺めつつ、寒い夜間演習と夏季の軍服軍装地獄から解放された喜びと、社会へ入る一抹の不安が交差する。改めて人生の初年兵。

鞍山余話――昭和製鋼所　昭和一四年（一九三九年）

〈入社〉　汽車は一途に南下する。哈爾浜、新京（現・長春）、鉄嶺と既勤務地を偲びつつ、夕刻、鞍山駅にと着く。昭和製鋼所へ行き、入社手続をする。会社は今、大拡張中のため、警備員が不足しているのでと人事係に頼まれ、同時入社の他部隊の除隊者E伍長、K軍曹とともに警備員になった。三名は音羽寮の同室となる。八畳敷の部屋には勤務日時の擦れ違う熔鉱炉係二名も入っている。寮母さんに布団（後払い）をもらって休む。寮の食堂での食事、弁当は予約制、御飯はお櫃から自分で装い、味噌汁はお代わり出来る。ダルマストーブはコークスを使用する。かくして音羽寮の生活に入った。旭山忠魂碑の方向に向かって三棟目は、鞍山独立守備隊の兵営である。喇叭の日課号音が定まった時間に響いて来る。除隊の際に第六中隊から借りてきた軍服、防寒帽、靴もまだ手許に置いてあるので、兵営の延長のようである。

〈守衛〉　会社へ出て正式に警備係守衛となり、制服一式を着て勤務する。仕事の要領は軍隊での経験が役に立つ。各警備所（派出所）や各門を巡勤して回る。二四時間勤務で、午前一〇時の交代時に、主任に勤務中の事柄や気付いたことを書いた報告書を出す。主任は、元警察署長で報告記事の多いのを喜ぶ。ただ本日異状なしでは不可なので、報告の件を探すようになり、文章も色々考えることになる。

〈武道〉　帰る途中、街中にある会社の武道館に寄り、剣、柔、弓道の何れかを習う。私共は同日勤務なので相談した結果、私は右腕の怪我（一輪禍）のため、柔道は出来ないので剣道部に入った。竹刀だけは専用で自分持ち、防具、服装一式は備え付けでに始めは切り返しの練習をする。先輩方の稽古を見ると、銃剣術と逆に右の拳が梃子になっている。あいにく怪我した腕が主力である。銃剣術では左腕が主力なので対等の業が出来たが、剣道では矢張り勝てない。弓道をと考えても、右拳が正常の位置に来ない。

〈野犬〉　深夜、山東人宿舎群を巡視中、屍食の野犬五匹に囲まれる。私は樫の木刀を持っていたので、振り上げた。依然犬共は回って睨んでいる。負けたら喰われる。どれがボスかは分からないが目の合った一匹目がけて気勢充溢し大声でエイッと木刀を振り落とす。犬が除けたので輪陣は崩れた。私は素早く木刀を大きく振り回しながら去る。乱れた犬共は改めて追い掛けては来なかった。危ない一瞬だった。

〈ノモンハン〉　五月に入り暑い日が続く時、ノモンハン事件が起きた。会社には巨大なガスタンクがあるので空爆を怖れる。鞍山独立守備隊より一個小隊が警備に駐留し、当日下番の守衛達もテントの中でともに控える。私も隔日に現役兵と同居するので彼等の一挙一動を客観的に眺める。ある日、兵士等の姿が見えない。聞くと二年兵は全員ノモンハンへ出動したとのこと。この鞍山守備隊の二年兵達は遂に鞍山へ戻って来なかった。敗戦のデマが飛ぶ。悲惨な戦場の様子が誇大に伝わって来る。

会社から帰る途中の満鉄線踏切の遮断機が降りている。立ち止まると、南側より軍用列車が来る。ああノモンハン行きと、立った人々は手を振りハンカチを振る。窓に見える兵士達は赤銅色の光った顔をしている。笑顔で歓呼に答えてくれる姿に私達も涙が滲む。行末の悲惨は誰の目にも分かっていた。
大戦争となって我々にも召集令状が来るかもと覚悟をする。現役の時に習った、竹竿の先に付けたお盆のような戦車破壊爆雷。演習では差し出して後ろへ伏せるが○十《まるじゅう》キロのスピードの戦車の前で、それは不可能ことは誰でも分かっている。自爆である。自転車と自動車とが競争するような戦争である。私達が現役の時に案じていたことや、宇品の艀での予感が遂に現実のものとなった。戦争は我が軍が完敗して終結した。

〈張込み〉　各所の倉庫棟が頻繁に盗難に遭うので、溜まり兼ねたか守衛にモーゼル二号拳銃を携帯させて張り込ませる。この夜、私は外柵の外側警戒班に入った。賊に抵抗されれば発射御免である、味方に当たったら大変。目的者以外には絶対銃口は向けないようにと、留意して練習する。引金も軽いので用心しないと危険。発射時以外には決して手を触れないこと。深夜になって柵内見張りが呼び子を吹く。外側の我々は一斉にその方へ駆け出して行く。釘樽が三個、柵内に投げ捨ててあり、逃走する犯人の白シャツが闇の中に浮かぶ。犯行は就業者が帰りにやることが分かる。これ以後、被害はなくなった。

〈李香蘭〉　就業の少年が、私の勤務している警備所に来て、胸のポケットから、丁寧に折り畳んだ印刷紙を出して見せる。リーシャンランと説明したので、新聞の切り抜きらしいのを読むと、写真が載っている美しい女性の名前である。自分達の民族の中にもこのような美しい女優さんが居るのを自慢したかったらしい。私に見せると大事そうに畳んで、また胸のポケットにしまう少年を可愛く眺める。後に同僚に聞くと、この頃は、薄々日本人と分かっていたらしい。私は何も知らなかった。彼女は当時、満州国人の憧れの人だった。この後、鞍山劇場で、主演映画「白蘭の歌」を見る。原作者の久米正雄氏も製鋼所を来訪される。

〈旅順〉　昭和一五年五月、父が東京から京城経由、撫順を見物して鞍山へ来た。私の暁星寮で二泊し、大連へ私も同行した。亡母の弟が、日露戦役に旭川歩兵第二八連隊へ入り、旅順攻略に参加、明治三七年一二月一日、二百三高地で戦死しているので、翌日は戦跡巡拝バスに乗る。

晴天の下、バスは半島の海岸線を走って戦跡へ着いた。最初は一連の堡塁系の中央に在る望台砲台である。各砲台の死角を守るための砲台で突出していて、この砲台のため、

攻防両軍共に悲惨を極めた二百三高地（爾霊山）

我は称えつ彼の防備（東鶏冠山北堡塁の堅陣兵舎）

彼は称えつ我が武勇（日本軍）

日本兵は散々に、損害を受けたとのガイドさんの名調子が、憎々しさを募らせる。日本兵の白脚絆も敵には良い目標だったらしい。東鶏冠山北保塁の地下防御陣地を見る。コンクリート造りで地獄の底のように見える。攻撃部隊の悪戦苦闘の跡を偲びつつ、白玉山頂にてバス乗客一同の記念撮影して水師営の会見所へ回ると、一片の雲もない青空の下、平屋建石造の家の前に棗《なつめ》の木が立っている。家の中には手術台の上に白布を掛けた長方形のテーブルがある。日露両軍の首脳が戦闘終結後会見した有名な部屋を拝見した。この近くの

日露両軍首脳の会見所（水師営）――昨日の敵は今日の友

休憩所で昼食を摂り、各所を回る。印象に残ったのは黄海が濁り水で、渤海は青く、分断されていた。私が兵役中も心に秘めていた人は結婚したと、父が世間話の中で何気なく語った。この夜も大連のホテルに泊まる。翌朝大連埠頭でアルゼンチナ丸に乗船した父を見送り、鞍山へ帰る。

〈招待〉　西門警備所は、朝夕に入退場の荷馬車の台数を伝票と合わせて点検する。高岡組、大倉組、銭高組等の請負い馬車が続々と入って来る。馬車頭は現地人である。馬車頭がある夜、西門守衛三名を市内の中華料理店へ招待した。初めての中華料理、盛りだくさんである。この夜は美味しい料理で満腹だった。

〈在郷軍人会〉　会社が大きいので、軍籍（甲・乙種）に在る者一万有余名いる。一個師団の兵力である。部長の中には陸軍中将もいる。軍人会長は陸軍大佐で、軍人会では夏季に再訓練を実施する。下士官は指導役で私も六日間務めた。各個教練、銃剣術が主で、分隊教練も少し行います。一グループ六日間の教程である。休業中の手当は軍人会から出た。この習会で他課の社員とも交流出来た。

紀元二千六百年の式典は誠に盛大だった。中でも青少年団の行進は見事で、私達の後に続く若者達の楽隊や執銃隊の行進喇叭の勇壮な姿を頼もしく眺める。隆盛な会社を象徴している。

〈異変〉　異国で独身生活を続けているうち、胃腸の具合がおかしくなった。昭和一六年に入ると、治っては悪くなるの繰り返しである。軍隊で培った無我無心の境涯が蝕まれていく。会社に入ったので欲が出て来る。ノモンハン事件の臨時出勤扱いで給料が貯まって来たので一旗組根性になった。早く貯めて早く東京へ帰り家を持つ目標を立てる。従って金銭欲のみである。休日出勤にも応募する。自分で自分をいじめているようなもので、胃腸も回復しない。そんな時、小日山理事長さんが大臣に栄進のため、東京へ行くので、引越しの荷造りを頼まれ、同僚と二人で色々梱包する。昼食も御馳走、おやつもたくさん出る。楽しい仕事は約一週間で終わったが、こんな仕事が向いているのか、胃腸の調子も良くなったが、警備に就くとまた駄目。考える時間が多い故かとも迷う。貯金帳を眺めている。一旗組根性の塊である。気の晴れる間がない。満鉄病院での診断の結果は転地療養だった。体には異状がないのに食欲がなく、気力が落ちているだけなのでホームシックも有ったのだろう。私は決心した。

九、関特演

昭和一六年（一九四一年）

六月二二日、ナチス独逸軍はソ連領に進攻した。日本軍部は南方石油産出地区確保の大作戦の準備中にも拘わらず、ナチスに呼応する決心を為し、二六日に関東軍特殊演習（関特演）の名目の下に、満州内に数十万の兵力を集めてソ連進攻の計画を立てたことなど、一般の市民が知る由もない。全中国との攻防は依然として続いている。時局は正に大きく渦巻いてきた時だった。

〈退社〉　給料の締切が二五日なので、二六日に退社届を提出、理由は身体衰弱、転地療養のためと述べる。隊長は共済組合から半年間本給の六割が手当として支給されるから、それで療養をしなさいと言ってくれる。有難いが会社に軍籍が置いてあると、もし間違って会社へ召集令状が来た時、東京から鞍山または指定の部隊へ行くだけの日数がなく、憲兵隊の厄介になるので、一応軍籍を抜きたいと頼むと、隊長も止むなく許可して下さった。鞍山市役所兵事係に退去届を出し、私の直属監督さんに判を預けて精算金の御送付を御願いし、七月一日、約三年間の生活の思い出を胸に包み、鞍山駅を発った。

大連には、現役兵除隊の時、父の見送りと今回で三度目。いつも晴天に恵まれている。黒竜江丸三等船客となって平穏な航海で瀬戸内海へ入る。午前中なので日中の景色が満

喫出来たのがせめてもの幸せだった。神戸に上陸すると税関員の持ち物検査で、郵便貯金通帳にも検印が要る。年数の割には金額が多いので、係官はしつこく尋ねる。月収を説明すると驚いた。衰弱した体で故郷へ戻る。尾羽枯らす、という文章が浮かぶ。当分は貯金通帳だけが頼り。東京行きの汽車に乗った。

ふと、歴史上に名高い大阪城を一目見たくなる。探訪欲で道筋を聞きながら辿り着く。太閤様の威厳の城、庭には何と、召集されたらしい無装の兵士が行進している。オカシイと直感する。何か有ったと思うのだが、見当は付かない。大阪城を眺めて、歴史に浸る。東京には空が薄暗くなった頃に着く。
銀座で土産物を買って家へ行く。前知らせをしてないので両親は驚くと思ったが、私の顔色で察したらしく労ってくれた。東京では大召集が有って、歓送や旗等は一切禁止、頭髪も衣服も普段のままで機密入隊するということで、しかもかなり多数の召集である。全国的らしい。大阪城での不審も解けた。翌日、聖路加病院での受診の結果は水泳の出来る所への転地療養だった。父の知人の御世話で千葉県保田海岸近くに夏季貸室が有ったので、早速お借りした。一人気ままの自炊生活が始まった。

〈保田〉　保田の海浜にて潮風に当たって立つ。前方に富士山、その下は三浦半島一帯、中間に箱根連山。左海上に伊豆の大島、茫々たる大海原には汽船が行く。後ろは鋸山連峰が控える。大陸と異なる日本の風景。潮風の中で深呼吸するだけで体は回復しそうである。当時は大型建造物がなく遠景は自然のままだった。
回想すれば、大震災の前年、小学二年の夏休み、父に連れられて家族は永代橋近くの霊岸島波止場から貨物船に乗り、晴天の東京湾両岸の風景を楽しみながら保田へ向かった。昼時に握り飯と沢庵が出る。保田で停泊し艀で桟橋へ上る。近くの茶店で、ゆであずきを食べたのが旨かった。夏草の道を宿屋に入る。保田海岸で泳いだり、真っ赤な蟹を捕ったり、那古や船形へも船で回る。楽しい遊びで三泊した。帰りは汽車で両国まで来て、家へ帰る。次から次へと保田、北条の思い出は尽きない。

海辺から二、三〇〇メートル沖に小さい岩礁が出ているのが見える。途中は深くて立てないので一気に泳がなければならない手頃な距離なので、一日一回往復する。終わると峰伝いに歩く山上のお寺へもお詣りをする。鉄道沿線道を歩いて自然にお題目を念唱する。映画はお座敷に黒幕を張り、六十センチメートル位の角型に映写するのを二十銭で見られる。雨が続くと東京へ行って映画を見て来る時もあった。浜へ着いた船から魚を買う。鯵が好きなのでピチピチ撥ねているのは、生でも焼いても旨い。

給料をお頼みした監督さんからの書留が鞍山から届く。給料とお手紙が入っていた。七月初め、私の同僚の若い者はほとんど召集されて欠員が多く、警備上差し仕えがあるらしい。風光明媚の地で保養して早く治ってくださいとあり、心苦しく読む。早速、近況を書いて御礼状を出した。

同僚達が皆、召集されたと知ると色々思いは巡る。もしも私が退社を七月二六日にしていれば、関特演で召集されていた。また退去届を七月に入ってから出せば召集の方が一足早く、応召している。徴兵検査に合わせて体重が増えて合格し、この度は関特演に合わせて、体調が悪くなったのか、と不思議な糸に操られているような気もする。今考えてみても、対ソ陣地か南方占領地、満州に残っても最後はシベリヤ行き。満州には召集がないと言われて来たが、関特演で覆った。

九回目は、体調の変化により応召の難をかわして死を逃れた。八月に入ると、体はますます回復し、体重も増えてきた。朝、海辺へ立つと、航空母艦が外海へ出航して行く。夕刻帰航。翌日も翌々日も、一週間後には見られなくなった。戦後の記事によれば、横須賀新造の翔鶴（三万トン）らしい。ここへは、義兄も子供達を連れて遊びに来てくれた。

夏休みも終末である。回りでは、どんどん避暑地から慌ただしく引き揚げて行く。私も回復したので東京へ戻った。

開戦私話――東京　昭和一六年（一九四一年）

保田から東京へ戻ったが、若い者がぶらぶらして居られる時代ではない。職安へ行くと、造船所に紹介され晴海の工場へ行く。仕事は造船艤装工である。船の高い所に上るのかと思って止める。街の中を歩くと、ポスターは男女勤労の画、ラジオは軍歌や軍国歌謡を響かせている。何かが迫って来る様相である。それもそのはず、九月六日の御前会議で、日本は対米英と開戦し南方石油産出地区の占領を決意したのだった。勿論一般国民にはこれを知る由もない。ただ新聞を見て日米交渉が成功することを願うのみ。ＡＢＣＤ包囲陣という奇怪な見出し、孤立日本。輸入は途絶え、ガソリン、物資の欠乏。不安な噂ばかり。加えて新しい半袖軍服、軍装の、明らかに南方派遣と分かる部隊が「暁に祈る」を歌いながら芝浦方面へ行くのを見る。新聞に書いてないことが起きているのではないかと思案する。日本は驀進していく。この頃は、衣料品は一人何点と定められた切符制であるが、木綿製品は売切れの店が多いのである。

次に紹介されたのは、錦糸町の工場である。砲弾の先へ付ける底辺五センチメートルの円錐型真鍮製信管を機械で削って仕上げる作業である。一日中無言でやるので、精神修養にも良いので気に入った。三日後に、陸軍将校が来て工員全部を集め講演する。今、日本は軍備拡張中で大変な時期である。増産に励んで欲しいとの話の後で、今に諸君がアッと驚くことになる、と謎のような言葉を付け加えた。意味不明。

この工場に勤めるつもりで近くに空部屋を探したところ、適当な部屋が有ったので借りる口約束をする。ところが、翌日から油かぶれがひどくなって、かゆくなり夜も眠れないので、工場を止めた。約束は解消。もし、ここに長く居れば昭和二〇年三月一〇日の大空襲の時はどうなっていたか、運命の別れ道だった。

次は品川区内の工場で倉庫係。品物の受渡し、先輩の事務工員は私より年少であるが親切な人である。倉庫係の職員や工員にも兵役前の人が多く、女性も二名。朗らかな現場である。借り倉庫への出張も多い。

朝、始業前に屋上で体操が始まる。工場の全員が集合して、「晴れたよ晴れたよ秀嶺清く、咲いたよ匂う山桜」と歌と音楽につれて手足を動かす。晴天の時は、丹沢山系の上に座る富士山が映える。朝や休憩時間中は軍歌や軍国歌謡を社内放送するので、自然に覚えたりして、楽しい日々を送る。

〈開戦〉　昭和一六年一二月八日、出勤すると、所内は異常な雰囲気で何か騒々しい。耳に入るのは、日本海軍航空艦隊のハワイ攻撃である。日米開戦。アッと驚く答えは出た。日米交渉で米国の条件を呑めない日本は、ハワイの米国艦隊を奇襲し、勝利を得て和解するつもりか、遂に立った。私には、日本が大きな横綱の顔を撲ったような気がした。一撃位で驚く訳がない大工業力。勝てない戦争を何故やるのか、日本は何ということをするのか、と大本営発表の大勝利も砂上の楼閣に等しく思えて上の空だった。またぞろ大召集かと覚悟。この夜から燈火管制となった暗い夜道を歩いて中華店に入り腹一杯にする。

ニュース映画にハワイ作戦が映るので見に行く。最初は東條首相の演説。無限無尽蔵の精神力の強調で物足りない。新兵器の話は無かった。だが緒戦の地区的勝利は続き、勝ったような錯覚も起きる。

先輩が召集されたので、私が台帳を任された。主として生地材料である。この頃、年度末決算が迫って来る。台帳と在庫を照合するのに員数を調べなければならない。毎日、外部の若い衆を二、三人頼んで山を崩す。ここが終わると、借り倉庫の在庫も調べる。帳簿に記載してあっても在庫はない。在庫はあっても帳簿にない。不足の品もある。これは主任に話して、帳簿のまま報告して決算は無事終えた。これで工員の私も職員並の扱いとなる。そのうち、男子徴用工（平和産業の人が軍需工業へ回される）が五名入ったので急に賑やかになる。従業員には兵役前の方もいて、入営前に銃剣術を習いたいと希望するので、倉庫の中で基本と勝つ要領を教えた。ますます若人達の人気が集まる。こんな日が続く。この年は、三月に南風の吹く日が多く暖かい日が続くので、お彼岸には桃と桜が満開になった。

〈初空襲〉　四月一八日の昼休み時間、空襲サイレンが鳴った。演習か、おどかしか、と思っていると高射砲の響きと砲弾破裂の音が続けて聞こえるので本物だと感じて屋上へ駆け上ると、芝区の上空に灰黒色の葉巻型の爆撃機が一機、その右後方に、もう一機が西方に向け飛んでいる。高射砲弾は敵機の下後方で破裂しているのが、もどかしい。北西方面には二条の高い黒煙が上っているが日本機は現れない。眺めているうちに機影は西方に消えた。砲弾は命中しない。迎撃機は来ない。都民は不安になる。

〈入院〉　終業間近に、外から倉庫を見たら二階の小窓の鉄扉が開いている。昼休みに職員が来て開けるのでまたかと思い、急いで二階へ行くと鉄扉の閂《かんぬき》が庇の上に落ちているので、庇へ降りて拾った時に五時の終業ベルが鳴ったので、庇から飛び降りたら、木のサンダルを履いていたので踵が下がったらしい。コンクリートの道路に、もろに両踵を当てたのでその場から立てなくなった。頭の中では、後悔と将来への絶望がぐるぐる回っている。願わくば時間が五時前に戻ってくれと嘆く。近くの外科病院へ運ばれた。大変なことになったと、恥ずかしい思いで寝ていると、父母が入って来た。身動き出来ない体になったので詫びる。私の妹が勤めに出ていなかったので付き添ってくれることになった。

ギブスを付けて踵を固定させ、四〇日で立てるようになり、ソロソロとずり足で歩けるようになったので退院し、父母の家にて養生し、杖で外を歩けるようになって、芝区内の私の間借りしていた家へ戻った。会社へ顔を出してお礼を述べ、退社させて頂いた。腰掛け仕事の検査課へと言ってくれたが、恥ずかしいので止めた。どこで聞いたか、憲兵が召集忌避の疑いで調査に来たが、事故なので納得したらしい。

この間にミッドウェー海戦やアリューシャン列島の一部占領が発表されて、勝利が続いているように思えた。

借間に戻ってからは、毎日近くの神社の境内で参拝した後で、遊ぶ。お題目を唱えながら歩くリハビリで、入営前の無我無心の境涯に戻った。時には芝公園まで休み休み足を伸ばした。一食一枚の食券でも御飯の半替わりは出してくれたので助かった。食堂で腹一杯にして、歩く。まだ喫茶店にはお菓子があり、中華店も何かしら食べられたので食べ物に不自由はなかった。

〈就職〉　ある日、新聞の募集欄に座り仕事らしいのが有ったので行ってみた。同区内で通勤も便利。軍用品の工場で社長さんが私に同情して下さり雇ってくれた。近くの倉庫の二階を無料で貸して下され、御夫妻の温情に感謝していた。同日に採用された方もあり、先輩方も親切で、良い職場に恵まれた。仕事が上達すると、日給も上るのでますます仕事に励む。一年経つと良い収入になった。召集の心配がないので、この頃から結婚の話も出て来たが、工場には好きな人が居たし、大戦中で、前線では命を賭して苦戦している兵士達を偲べば安閑と家庭生活するなどは後ろめたい。こんな時、私の次兄から話が来た。父が先方に将来家作を一つやる等、話したので先方はのっている。これを断るとあらぬ疑いを掛けられる。相愛の人にも結婚話が出来たので、結局は承諾した。この話で社長さんは私を請負制の仲間に入れて下さった。先方の親族の希望で式場は目黒の雅叙園となった。当時は公定価格で一名一〇円だった。どの店も一律である。当日は出席の方々にスリッパが出ない。華麗な模様の大タイルの廊下が冷たい。控え室に炭火もない。公定価格にサービス料は入っていないと気が付いた時はもう遅い。二〇余名の集まりで、結構賑やかな宴で、酒と料理で暖まる。

〈義兄〉　妻の長兄が横須賀武山海兵団に入隊のため、翌日に妻の郷里へ行く。上野駅前でパッタリと会ったのは、北安鎮で同時に任官した志願のM伍長、今は曹長になっている。名刺を見れば上海派遣部隊で、日本へは出張で来たらしい。奇遇に驚き別れる。

常磐線で水戸乗り換え、常陸大子《ひたちだいご》で下車。烏山行きの省営バスで久慈橋場で降りると、妻の小学校当時の友人の夫婦と一緒になって歩く。実家に着くと、親戚や知人が大勢集まっている。妻の実家は農業で六十余歳の父は中風で立つのがやっと、母は達者で嫂と二歳の男孫（次兄は南海支隊ニューギニア方面らしい）の家族構成で、義兄は一家の大黒柱である。大事な柱を召集する無情。悲惨な状況に息が詰まるような思いである。家庭を捨て、役職を投げ、三十余歳で初入隊。しかも敗戦の一途を辿る戦況。義兄の心中を察すれば何の言葉も出なかった。翌日は出発。嫂は涙を耐えていた。上金沢まで見送りの行列。ここでバスに乗り大子駅に着き、汽車に乗ったのは、長姉と義兄、私達の四名である。義兄は無言で、眠ったりしては考えている。勿論家族のことが第一だろう。上野駅で、横須賀へ行く兄達と別れて私達は家に戻った。義兄は昭和二〇年四月、硫黄島にて戦死された。

〈世帯〉　父の家の裏側に接する事務所の二階（二部屋電話付）が空いていたので借りる。新世帯である。道具揃えが大変。ニューム製品は全部闇値でやっと買う。お釜は五〇円、弁当箱は二〇円、木の盥は七〇円等である。でも伝手がないと買うこともできない。隣の二階も同時に新婚が入り、妻は友達が出来る。

朝刊の区民版に、孫呉で別れたO君が中国戦線で戦死されたと載っている。あの笑顔が浮かび合掌。

ガダルカナル島敗退、山本大将の戦死、サイパン陥落等の悲報は続き、九州はB29の爆撃が開始。この頃、妻は妊娠していた。行く先を案ずれば生むのは怖い。いつどうなるか。先日は、父母の荷物疎開で馬車の荷物の上に乗り、夜半に上野駅前を通ると小学校児童が広場一杯に並んでいる。東京もいよいよ爆撃圏内に入った。温かい父母の元を離れて地方へ分宿する悲哀の姿は、真に可哀相だった。

〈特攻〉　一〇月にフィリピンのレイテ島に米軍が攻撃、上陸を開始した。守る日本軍は奇しくも私の原隊福知山歩兵第二〇連隊と、増援は私の応召した東京歩兵第一連隊である。米軍の輸送船と護衛艦隊を撃沈するため、海軍は神風特別攻撃隊を編成した。爆弾を抱えた零式戦闘機が乗員諸共体当たりする。嗚呼。

十、空襲

昭和一九年～二〇年（一九四四～一九四五年）

一〇月三一日の払暁、家内が男児を出生した夢を見る。白い顔の嬰児である。眼を開けると家内は陣痛が起きて微かに唸っている。その声で夢を見たらしい。一番電車がもうすぐ来るので停留所で待つ。歌舞伎座前で下車して産院へ入る。一一時頃、産院から男児出生の電話が有って面会に行く。嬰児は白い顔で正夢だった。翌日、義母にふかし芋をもらったので、これを持って正午頃、産院の前まで来た時、突如ブォーブォーブォーと三回鳴るのは空襲警報のサイレン。悲鳴のように響く。空襲?と半信半疑で空を見上げると、紺碧色の高々度に白銀色の、初めて見る超大型機が一機、西方へ向け、尾部より白煙を吐きながら飛んで行く。高射砲弾は届かず、後ろ下方で破裂している。本当に空襲なんだと、恐怖心が体を覆う。いよいよ東京もか、九州へは毎日来ているB29超重爆撃機である。これを無事に帰すようでは、戦は負けと、誰しも思ったであろう。機は視界から無事消え去って行く。

産院へ入ると、産婦さんは防空壕へ入って下さいと呼ぶ声が聞こえ、嬰児を抱いた看護婦さんが階段から降りて来る。家内は階段の途中に居たので介添いして地下室防空壕へ入れる。外へ出てから、絶望感で呆然となる。赤ん坊は、妻は、食料は、しかも私は当時、両足を痛めていて活動が出来ない。途方に暮れた。体力も資力も、コネもない。課題は頭の中で、くるくる回る。処置無しであった。

以後、一機か二機位のＢ29は漸次増えて、夜間も来るようになった。やがて毎晩となる。一晩に一回で終わりだった。隣のビルの御主人は地下室を隣組の避難所にお貸し下されたので、空襲警報時には全員入るので賑やかな雑談会場となり、笑い声が絶えない楽しいひと時に変わる。火消し役もＢ29が帝都に侵入するまではお仲間入り。一二月に入ると都内の工場地帯その他は、虫喰いのようにＢ29のため、少しずつ侵蝕されて行く。疎開先のある人は、家財を運び家族を移す。私の妻は嬰児を抱えて、このような状況を昼間見ているので、実家へ避難したかったであろう。私は決心して疎開に同調する。町会事務所で配給品用の援助申告書をもらい、朝早く上野駅に行き常磐線に乗せて別れた。

父の家がすぐ傍なので食事は義母のお世話になる。当時、父は陸軍中野学校へパートに行っていたので食事は充分。障害を持つ弟がいた。末弟は立川の工場を栄養不足で止め、職安のお世話で、深川の陸軍糧秣廠寄宿舎へ入り栄養満点、特配物を時々父の家に持って来る。配給生活者には何とも羨ましい限りである。私も、夜九時頃まで仕事があると、社長さんは丼飯一杯御馳走して下さるのが楽しみだった。気軽になったせいか、空襲も怖くない。都電も車掌は地方弁の女子になる。

一二月三〇日夕刻、工場に妻から電話が入る。今、上野駅に居ると言う。ハッと悟った私は、急ぎ上野駅へ行く。改札口に居た妻に何も問わず黙って明るい地下鉄へ入る。嬰児の夜泣きが病父の夜睡を妨げるので居辛いらしい。帰った家は暗い冷たい、不安の生活ではあるが住めば都で有った。

三一日前夜、浅草雷門付近が被害を受けたニュースがあったので見にゆく。年末で大混雑の地下鉄。背負った児は停車のたびに押されてキュウと唸るので心配。体が柔らかいので心配した。無事に座します観音様にお詣りして帰る。家では妻が正月の支度をしている。思い掛けなく三人水入らずの新年を迎える。

お産直後の色々の事件のため疲労したのか、妻は視力が弱ってきた。栄養不良もあって針仕事もままならない。近所の眼科で治療するが、悪くなるばかり、到頭両眼の視力はおぼろになった。これは大変と湯島の東大病院へ連れて行く。逆壺坂である。あいにくの空襲警報で受付は早く締め切られていた。止むなく明石町の聖路加病院へ行く。一週間位でどんどん快方に向かいホッとひと安心した。

一月二六日、今日は家の事情で仕事を休んでいた。昼頃、空襲サイレンが鳴った。間を置いてＢ29編隊の轟音と何個もの爆弾のピューと落下する音が同時に響く。下の事務

昭和20年1月27日白昼、丸の内を中心とした空襲

所まで降りていた私は、社員の方と机の下へ入った。二階の妻子を案ずる暇もない。店の入口からバッバッバッと炸裂の衝撃が入って来た。近くの浴場へ落ちたのだった。新富町電信前のパン屋さんにも落ちた。道路に居た警防団員の方が即死した。妻は階段の途中に留まっていたが、このショックで両眼が開いた。二階の表窓は閉まったままだったので硝子が三枚割れた。だが妻の眼が全快したのが幸いだった。

翌日工場へ行く途中、都電は銀座七丁目で折り返す。大勢の人集りしている所を覗くと、線路と家の間に大きな穴が開いている。昨日の爆弾の不発弾が入っていたのだった。品川から来る折り返しの電車で出勤する。

東京上空で、白昼、日本機の壮絶な体当たりを目の当たりに見る、同僚は戦争は終わると言う。理由は、大宮氷川神社の白い神様がお出ましになったとのこと。互角に終わらない戦争、どうゆう形で負けるのかと自問する。事実、戦争は終わることになる。日露役の時もお出ましになったとか……。

〈三月九日〉　明日は陸軍記念日（日露戦役で日本軍が奉天（現在の瀋陽）入った日）なので、夜のラジオでは軍歌や軍国歌謡を続けて放送している。現在の戦況は各方面とも、ますます悪化していることは、次々と特攻隊が発表されているので分かる。派遣軍の悪戦苦闘が思いやられる。日本本土も今や危機となる。

毎晩のようにB29に起こされるので早く寝る。一〇時頃、空襲サイレン。窓を開けると、暖房のない部屋に冷気がどっと入り込む。階下へ降りて外に出て防災用水の側に立って空を見上げる。ラジオは「B29一〇数機帝都侵入」と伝えている。例の通り、砂町工

昭和20年3月の焼跡（新大橋の上は森下町、手前は日本橋区浜町）

場地帯方面が燃えて空が赤い。間もなくラジオは、「B29房総方面より海上に遁送せり」と放送。今夜はこれでお終いかと、窓を閉めて布団を被る。

寝付いた頃にまたサイレン。真夜中であろう。階段を下りる途中で強烈な爆撃音、地響きと高射砲発射音、弾の炸裂音が一括同時に伝わって来るので、怖くてじっとしていた。少し治まったのでやっと外へ出て見ると、赤黒い雲の下にB29が大きく見える。

低く飛んでいるのが次から次へと現れる。サーチライトも要らない程、夜目にもはっきり分かる。高射砲弾の破片が都電の敷石に落ちて火花を出してパチパチ跳ねる。いつもの攻撃とは違うと思うが、危険が迫っていることだけ感じて不安になる。曇っているので火災が空に映り、赤黒く光っている中を飛んでくるB29も絶えない。北西の冷たい風がだんだん強くなってくる。永代橋方面から続々と避難者が馬場先門方向へ向かって行く。だんだん火に囲まれてくるように見えてきた。幸いにも未だ近辺には焼夷弾は撒かれていないが、終わった訳ではない。プラタナスの下で赤黒い空を見詰めてここで死ぬと、後の世の人は、昔ここで米軍の焼夷弾攻撃で大勢死んだと語り草になる身かと、飛んで来るB29を睨む。風はゴォーゴォーと音をたて始めた。妻は隣のビル地下室で毎度の避難座談会をやっているが、外に居る者は地獄の憂き目、いつ焼夷弾がばら撒かれるかと、ハラハラしている。B29の落とした爆弾は地上三〇〇メートル位で破裂し、数十個の焼夷弾（一〇センチメートル×四〇センチメートル位の鉄筒で十角？型）が尻から焔を出して落下する。衝突の衝撃で中味（糠みそ状の油脂）が飛び散り、付着した時に燃える。少量であれば叩けば消える。

父の家には障害のある弟が居るが、父はまだ逃げると言わない。周囲は燃えているので近辺へ撒かれたら家族連れでは逃げ場がない。私達が先に逃げる訳にも行かず成り行きに任せる。避難者の列は道路の半分幅に広がって来た。この時点で他の地区が大被害の惨事になっているとは知る由もない。

逃げよう、父は叫んだ。私は妻を呼びに行き、鍋釜を道路に在る防空壕の奥に隠し、果たしてまたこれを出して使えるだろうか、と念じる。小車に、布団や身の回り品を置き、弟を乗せて出発する。防空頭巾を被った妻は嬰児を背負い、半天を掛け、おしめの風呂敷包みと左手に大薬缶を提げる。折柄の西北の烈風で蓋を飛ばされたが、幸いに私の足に当たって止まる。四方が皆赤いので馬場先門へ向かう。避難者の列に加わり、京橋交差点まで来ると向かって右側、明治屋側が燃えているので、日本橋、銀座方面へは目が行かず、幸いに左側が燃えてなかったので、鍛冶橋まで来ると、実業之日本社全館の窓から火を吹いているが、焔は風に煽られて水平に出ており、それが傍らの川に映って二重に燃えているようなのが、夜なのでますます凄い様を呈する。

鍛冶橋を渡ってガードへ来ると、避難者は全部右へ東京駅方面へ流れる。馬場先門方面に人影はない。

都庁の前まで来ると、突然ガラガラ、ガラガラドシンと大きな音がして驚く。夜空を背に都庁が火焔を吹き上げて燃えている。お不動様のようである。シンボルの時計が焼け落ちた音だった。前庭の中央に転がった時計は黒い塊で恰も打首が落ちているよう、戦争は完全に負けよっと都庁のつぶやきが聞こえるようだ。

馬場先門方面は突き当たりが黒緑の山があるように見え、電気のついていないビルが連立して、人一人なく無気味なので、父はアルバイト先の鍛冶橋鉄道省自動車車庫へ行った。

ここにはガソリンが置いてあるので線路上へ行けと言われ、現在の新幹線路上に立つ。当時は貨物線なので詰所があり、中へ入りなさいと言われたが遠慮して、線路上で四方を望見する。大火災である。皇居を除いて全部燃えていると思う位だった。赤黒い空に烈風が吹き異様な状況である。B29はもう一機も見えなくなった。私の家もまず駄目と覚悟した。明日は明日でどうなるか、線路上で思考する。夜が明けると赤い焔は黒い煙に変わり、やがて白くなった。

〈三月一〇日〉　明るくなったので家へ戻る。京橋交差点付近で次姉のお舅さんに会う。「兄ちゃんの所は大丈夫だよ」と言われてホッとする。「うちの兄ちゃん（義兄）の所は

駄目」と言う。私は家だけだと思ったのでこれ以上聞かずに別れた。家の前まで来た時、私の同級生（女性）の母が道路で泣いている。昨夜の空襲で被害に遭ったと聞く。それからそれへと各方面の被害がどっと耳へ入る。さっきの義兄の家は門前仲町である。越中島まで一〇分あれば行く距離なので私は望みをかけていた。

　家へ着いて防空壕から鍋釜を取り出す。生きていれば一番使う道具、盗まれずに有ってよかった。焼跡へ行って燠《おき》を拾う。何か浅ましい気がするが、ガスも電気もない。取りあえず朝食。時間が経てば経つ程、各区の被害が伝わってきて、聞くに堪えない。ここへ撒かれていれば私もそのようになっていた。

〈風評〉　三月一〇日の空襲後、米軍が石川島造船所と聖路加病院を意識的に残したとの風評を耳にする。成程と合点した。今まで不審に思っていた謎が解けたのである。かねがね、荒川、多摩川、その他の重要な河川に架かる鉄橋、橋梁等を、また鉄道線路、湾岸等を爆撃しない理由が分かった。重要施設は破壊せず、丸々占領する意図である。京橋区は石川島と聖路加の北西部に在る。当夜の風向きを考慮して投爆を避けたのであろう。現に京橋区は大部分は残っていた。我が家もその端くれで残ったのであった。これも一〇回目の命拾いの中に入れさせて頂こう。でもこれで終わった訳ではない。

〈以後〉　次姉の家は焼けて、姉夫婦と長男（六年生）が死亡したらしく、小三の次男と四歳の三男が、公園のトイレの中で倒れていたのを援護隊に助けられて、板橋病院に収容されたと聞き、すぐ駆けつけた。病院の入口の床も収容者が身体、衣服とも煤だらけで、むしろの上に横たわっている。口が腫れて何倍かにふくれている。その他の悲惨な状態でまともに見ていられない。廊下も何も、隙間は全部、傷害者が横になっている。

その混雑の中で二人の消息を尋ねる。三年生は舅方へ引き取られ、三歳児は足に負傷しているので聖路加病院に転送されたと聞き、すぐ聖路加へ行く。病室は尖塔であった。狭い室に子供二名寝ていたのですぐ分かった。傷は足だけで、他は何ともないので安心して塔の窓から東京湾を眺める。高層展望台のない時代なので眺望の素晴らしさに驚く。施設に入っていたので安心して帰った。

東京もいよいよ危険なので、父は弟を義母の先住している越ヶ谷へ疎開させることを決める。自転車を借りて、父と弟を乗せ混雑の昭和通りを進む。千住大橋で暗くなったので手持ち提灯をつけて走る。草加の街並に入ったら小車の車輪が曲がって動かない。夜分なので方法がつかなく弱っている時、近くの工事店の御主人のお情けで弟と父を家の中で休ませて下さった。地獄に仏だった。私は急ぎ東京へ戻り、次姉のお舅のお店の営業用リヤカーをお借りしてすぐ草加へ行く。父は一番電車で先に越ヶ谷在住の村へ行ったので、リヤカーには弟だけを乗せて越ヶ谷在へ行き、降ろしてすぐ東京へ戻って、リヤカーをお返しするが、何もお礼する物も探せない火急の時で、失礼をした。近辺の家がどんどん疎開する。空襲も怖い。行先のある者は誰しも東京に居られない。まして嬰児を抱える家内も実家へ帰りたいのは言動で薄々分かる。私は決心して疎開させる。まず生活費。いつまでか、または今生の別れか、貯金帳だけでは物足りない。一〇日に焼失したと思って家財一切を家の前に並べ売ることにした。嫁入り道具も止むを得ない。妻の姉が苦心して揃えてくれたのと私の品々は、戦災者の多く通る道に面しているので、たちまち売り切る。私の大切な物が千円で売れて、二千円以上の売上げとなる。小学校へ上がるまでは保つだろう、あとは次の生活を見つけてと決心する。貯金通帳に入れて妻に持たせ、上野駅まで送って別れる。

一切を投げた私は、事務所の二階を引き払い、父の家に住む。父も越ヶ谷から戻って来た。三年生の甥は舅の家が大勢なため、私の方で引き取る。配給物に移動証明書が必要なので、高橋の深川区役所へ行く。永代橋を渡ってしばらく行くと、地獄である。道路に在る防空壕は皆、被害者で一杯。思わず止まって拝む。町角に十数名の男女が倒れている。煙のためか衣服はそのまま、中に幼児を抱いた若い女性。妻と同じカスリのもんぺ上下、私の運命と間違える程よく似ている。拝んでいるうちに涙が溢れて胸の名札は読めなかった。途中拝みながら区役所へ辿り着く。民衆は大勢でも係員は少数で書類を見る暇もなく、ポンポン判を押してくれる。帰りはまた、途中拝みながら歩く。痛々しい有様に今更あの晩を思い出す。

父母を亡くした甥は新聞（四折のタブロイド版、一日一回）が来るたびに、「おじさん今日は何人死んだ、皆んな死ね死ね」と叫ぶのが可哀相で見ていられない。私も暗然としてもらい泣きである。九日までは父母の愛育の下で一家団欒の家庭から、ひと晩で放り出された小学三年生の甥の心境は哀れでならない。慰めの言葉がない。乏しい食料で一緒に食べるのが私の精一杯の努力だった。当時は余程のコネがないと闇食料は手に入らない。私は煙草と交換で少し手に入れる。

父は時々越ヶ谷へ行き長逗留するので、配給物は私が全部並ぶ。日替わり配給なので毎日並ぶから、勤めには出られない。甥も居るし、配給もと、思案してる最中、工場の社長さんが訪ねて来た。が現在の状況を説明して、もうしばらく休ませて頂いた。昼間に家に居るので、防火のために家屋を取り壊す作業に出される。指定された家は災難であるが、火災保険金位もらえれればとも思われる。木造建ては分解して柱と新材を区別して置く。男女の作業なので賑やかである。一日の作業が終わると、雑炊一杯の券がもらえる。馬鹿々しい話であるが防火のためには止むを得ない。空腹になると、自由販売の酵母剤を食べる。

四月に入ると、B29は音響爆弾というのを使用した。白昼天空からカラカラカラカラと奇妙な音が響いて来る。一瞬とまどったが新聞に書いてあった音響爆弾と気が付く。肺腑をえぐるような音の不気味さである。爆弾の中で羽根が回っているようで、落ちる速度が遅いのが余計怖く、身震いがする。

この頃はB29は来るたびに荻窪の中島飛行機工場を狙うので、方角が分かった。B29も毎晩のようには来なくなった。地方で攻撃しているようだ。空襲も減ったので勤めの方が気になる。この分では家内を呼んでも大丈夫らしい。勤め先も多忙で困っている。入社以来面倒を見て下さった社長さん御夫妻に申し訳ない。と決心して、手紙も出さずに、ほんの三日位で帰れると思い、妻の実家へ向かう。長距離切符は三日以上駅へ並んで記帳しないと買えないので有楽町駅で五銭の一区間切符を求め、日暮里で乗換え水戸で乗換え常陸大子に着く。切符はないので五銭切符の下に五円札を畳んで渡し、急ぎ改札を出た。省営バス停へ行く。あご紐をかけた戦闘帽の女子車掌が木片を詰めて棒で押していたが、ガスが溜まったので切符を売り始める。近距離は歩いて下さいと言うので終点の烏山まで買う。満員の客を積んで、重いので坂道は走れない。降りて押して下さいと言う。男子客は皆、一斉に押してくれた。

久慈橋場で下車して暗闇の山路を歩く。道は一本なので迷う心配はない。見覚えのある橋へ出たので一気に歩く。妻の実家に入ると皆驚いた。色々お礼を述べて夕食の御馳走を頂く。私が来る理由はおよそ察しているらしい両親に、改めて勤め先の現状と食料受領の面倒、父の家の留守番、甥のことなど縷々と述べると、覚悟していた義父は、今、田植えを控えているので終了まで待つよう頼まれる。否とは言えない。妻が手伝えば子守が要る。病父に老母、二歳児で、嫂は飛行場の勤労奉仕、長男は横須賀海兵団の小笠原島(後硫黄島)、次兄は一四師団南海支隊で皆お国のためと外働き。軍国の農家の悲惨をまざまざと見た。家では近所のY子さんを時々頼んでいた。この事情で帰るに帰れず、子守となる。運命に引きずられる私の境涯。私の父の家の留守番は、甥は、勤め先は、皆、田舎へ逃げたと思っているだろう。あちらからもこちらからも憎まれ者になってしまった。後年読んだ古書の中で、高天原から使いに行った使者が帰って来ないと、憎まれ役になっていたのに同情する。その神様も帰るに帰れぬ訳が有ったのだろう。電話のない時代の物語であるが、身につまされた。

薪樵の時も子守、田うない(田起こし)の時も子守で、馬の鼻取りして田の中を駆けだして行く甲斐甲斐しい妻の姿に見惚れる。家へ帰っては二歳児と遊ばせる。田植えの時も子守であるが、女衆が大勢いても幼児は遠くの母親を見つけて喜ぶ。田植えが終わってお膳が出るが、子守でもお膳は一人前、御相伴に与かる。田植えが済んで、いよいよ東京へ戻る。田舎の種々の行事を覚えて大変参考になった。女衆が揃って田植えし、義母が美声を揚げて田植歌を唄う。よい風情で、私の楽しい人生のひと駒だった。

五月二三日、朝、バスで大子へ行き、汽車に乗る。平和な農村から、空爆の東京へ戻る一抹の不安。

妻子を無理に連れ戻すこの狭間に立っては己を捨てなければならない。今は仕事に集中する。上野から地下鉄に乗り京橋へ、家に着いたのは明るいうちだった。

父は越ヶ谷に行って留守、甥も居ない（もっともである、甥も舅方も見捨てて田舎へ行ったと思ったであろう）。何事にも方法の下手な私である。父の家に間借りしている六世帯の方々に留守中のことの御礼を述べる。皆様は妻子を連れ戻したから驚くので理由を説明した。疎開残りの家具、布団がたくさんあるので不自由はない。食料は当分間に合う程持って来た。妻子の移動証明書を隣家の町会事務所に出す。

あいにく当夜は空襲警報。またしてもB29は焼夷弾を残存家屋にばら撒いて行く。霞側の出口と隣家の間に落ちた弾の油膜が撥ねて外壁に付いたので叩き落とすが隣家の内部が燃えている。運よく消防隊が来てくれた。私の家の二階へホースを揚げて放水を始める。お陰で火災は隣家で止まった。これで私の家から北は全部焼跡、東は小学校のコンクリート三階建て、その先は全部三月一〇日の焼跡である。

五月二四日、水浸しになった畳、布団、雑品を日当たりに干す。羅災者が雑品に目を付けるので見張りをする。夕刻父が越ヶ谷から来て驚く。父はふようの花と、ふきをたくさん持っていたので食べる。

五月二五日夜。またも空襲警報。小学校屋上の高射陣地が盛んに対空射撃を始めた。テケッテケッテケッドンドンドンドンと銃口から火花と大音響。回りが焼跡なので火花は目立つ。これを目掛けて米軍は猛烈に焼弾を落とす。今晩はエレクトロン(五、六センチメートル×四〇センチメートルのダイカスト(六角型?･ジュラルミン))も使用した。

空襲が始まった。夜空は見る見るうちに赤くなる。B29も低空で大きい。サーチライトの光りの交差に入ると高射砲や迎撃機も来ていて、B29が火を吐いて飛ぶ。低空なので高射砲が当たるらしい。次から次へとバラバラになるのもあった。だが火焔はこちらに襲って来る。日本は今亡ぶぞと火焔におどされる。プラタナスの下で今夜も思わず「衆生見却盡大火所焼時」の経文が口に出る。意味はよく分からないがこの状況に合っている文句である。我が此の土は安隠の地とは今いずこに?　やがて我が家の回りは一遍にドカン、ドカン、ドカンと落ちてきたエレクトロン弾の白閃光の火焔が広がっている。

これは、道路に敷いて在る約三〇センチメートル角のブロックを貫いて立つ。花火を何百と集めたような放火をする。白色光の火花は噴水のよう。三、四本並ぶと家はたちまち焼ける。屋根は焼夷弾、地上はエレクトロン、残在の我が家はたちまち火焔となった。逃げるだけで精一杯。やっと小学校へ入った。妻の姿は見えないが、後で来るだろうと思いながら教室へ入る。将校が居るので、約三〇名以上は兵隊が居ると思って安心。部屋は全部満杯だった。校庭へ落ちてくる焼夷弾を兵士が消している。将校は叱咤しながら号令を次々と掛けている。何本ものホースが交差して校庭は水浸し。妻は未だ来ない。

家がないのに何故こんなに焼夷弾を落とすのだろうと思った途端、また機銃が火を吐く。あれだ、と気付く。敵は一個所だけなので目立つ機関砲が火を吐く陣地をB29が次から次へと狙っていたのだ。我が家はその巻き添えであった。何とも口惜しい。この陣地が無ければと恨む。朝になっても妻子の姿は見えない。電車通りの南側は一個も落とされていないので家並は続いている。通りは人で賑やかである。やっとのこと、父と妻子の姿を見つけた。聞けば永代橋方面、三月一〇日の焼跡へ逃げたと言う。小学校を素通りしていた。途中ばら撒かれた焼夷弾が落ちて来たので焼トタンを被って伏せたら、体上を掠めて前に落ちたと言う。今回命拾いしたのは妻子の方だった。学校へ集合するのは危ないと思ったのである。明治座を思い出したのだろう。私は学校の回りは全部焼跡で万一の心配はない、しかも軍隊が居る、と弁解する。

これで何もかも失ったのだから(勤め先の工場も焼失)、思い残すことはない。警察官から罹災証明書(鉄道・切符の代わり)をもらって、三越前から地下鉄に乗る。父も越ヶ谷なので同行、上野で妻とは改札口で別れる。

放浪私話

上野駅で故郷へ帰る妻子を見送った私は、父母の疎開先の越ヶ谷へ行く。義母の故郷で親戚の新家へ入る人が応召のため、空いていたのだった。落ち着いてから東京へ行き、火災保険金三千円を受け取り、次に勤め先へ行ったら焼跡になっていた。今更顔も出せないのでそのまま帰った。社長夫妻には土下座してお詫びしたいくらいだった。

一夜にして家も職も家財一切なくなり一家離散。放浪者と変わる。私は両踵を痛めているので、立ち仕事は出来ない。火災保険金三千円を妻に渡すのと、妻の父母に御礼を述べるために、五月三〇日、常磐線に乗る。午後二時頃、車窓から西南方面の空高く黒煙が上がっていて大きく広がっているので何だろうと不思議に思いながら見詰める。石岡駅で停車すると空襲警報のサイレンが響いている。左車窓の空にB29一機が南進して行く。位置から計って直撃はないらしいので安心する。黒煙はますます高く広がる。

水戸駅で乗り換え、常陸大子には夕刻着く。烏山行きの省営バスに乗り久慈橋場で下車。一人、暗い山道を歩いて妻の実家に着く。父母に色々御礼を述べた後、妻に三千円を渡す。前回のと併せれば五千円。母子で長い間暮らせる金額で父母も安心する。ラジオニュースによれば、黒煙は横浜大空襲だった。嫂が、陸軍飛行場工事の勤労奉仕に毎日出ているので、私にも自転車での使い走りがあるので、何かと用事に紛れているうち、七月になった。居候にも大事な用が出来た。当家の馬に子供が生まれているので、七月一〇日、須佐木の村役場で合同検査があり、出場通知が来た。私が行くことになって、親馬の足馴らしをする。嫂は皮の鞍を出して装備してくれた。村道を駆けると村人は、とうね（子馬）を成したから、あんなにおとなしくなったと言う。人を乗せない馬だったらしい。私は馬が家人並の扱いをしてくれたものと思っている。当日は、義母の作った草鞋を馬に履かせた嫂は飼料と水袋を取り付けてくれる。支度が出来たので出発。私は鶯茶色の半袖、半ズボンで戦闘帽、ゲートル巻である。子馬は親の後先を行ったり来たりで喜んでいる。途中、外の子馬が私共の仲間に入ったので、馬主はコースを変えて連れて行く。須佐木の手前は峠道で、鶯の谷渡りを見聞きした。虻が尻にたかるので馬が撥ねると危ない。トラックは土地の方と見え、徐行して下さるので礼を述べる。義父の心配していた役場の石段も無事上り、馬で一杯の庭で検査を受け、帰りは大山田の医者へ寄って、父の薬をもらい休息する。馬に水と飼料を与え私も弁当を摂る。ここへは自転車で来ているので帰り道は分かる。途中草鞋が取れて馬が足を痛がるので下馬して引く。家の近くで嫂の姿を見たら駆け出して行った。義兄は小笠原群島へ派遣されて便りがなく、次兄は南海派遣軍で消息なし、父母悲しむ。

永く逗留し農村生活を満喫したので、自分の身の振り方といっても、負け戦の中では先の望みはない。ひとまず東京付近に戻ろうと、バスで烏山駅へ行く。下車すると、兵士達が演習している。見ると袖がないような上衣、半ズボン。ゲートルは巻いているが、素足である。兵士に履かせる靴もないのか、炎天の下、素足で砂利道を走って行く姿に、国民はまざまざと国家の欠乏を見せられて暗然となる。

越ヶ谷へ来てはみたが、この先どうなるか、負け戦は見え見えで、イタリヤ、ドイツは降伏しても国民は生活させてもらっているが、日本は一億総特攻とか、玉砕。と新聞に出ていて、竹槍攻撃の写真まで載っている。巷間の噂では、占領軍に男は全部去勢されると伝わる。敗戦の際に国民はどんな目に遭うか分らない。仕事もないので沿線を歩く。柏駅前で一群の無武装兵士が休んでいる。見ると上等兵だけは帯剣しているが剣鞘はズックで鐺《こじり》だけ三センチメートル位、革のような物が付いている。兵士達の広げている弁当箱は、柳行李を超小型にしたようなもので握り飯が二個、副食物や缶詰は見当たらない。沢庵は付いていたかも知れない。

街道の並木の下に小型の戦車が一台隠されている。敵が上陸するまで各地にこうして温存しておくのか、後手後手に回っている戦の中、兵士達の苦衷は如何ばかりだろう。私も最後には、手近の陣地へ緊急志願して一人でも撃ってから死にたいとも思った。見ることすべて絶望の状況だった。国内は特攻決戦といっても、敵の方では相変わらず橋梁も鉄道も幹線道路も温存しているのでますます口惜しいのである。

深川の陸軍糧秣廠に勤めていた弟が役所の疎開先の塩山から来た。甲種合格で浜松の

昭和20年7月頃の焼跡（中央の堂は浅草寺の仮観音堂）

高射砲隊へ入営のためで、母は取り置きの缶詰を出して送別の宴を開いてくれた。七月三一日、泉岳寺集合である。当日、私も弟と出掛けます。浅草駅で下車すると観音様へ行き、焼跡と仮堂へお詣りをして、六区の映画街へ行く。若者達は、工場が焼けたので行き所がなく、皆浅草に集って来るので賑やかである。清水金一一座の姿三四郎が面白そうなので松竹座に入ったら、満員の盛況である。空襲のサイレンが鳴っても誰も立たないし、芝居も止めない。合間に舞踊があり、振袖衣裳の美人が三人出て「新妻鏡」の曲で踊る。派手な衣裳の見られない時代なので竜宮城へでも来たような感じで見惚れた。泉岳寺へ着くと、もう大勢の方々が集まっている。鉄道の制服で戦闘帽を被った女性の一団が旗を振って大声で合唱している。「俺が死んだら三途の川でハアヨイヨイ……死んだら神様ヨー」と身につまされる唄だった。この一団の歓送で大変賑やかになる。弟を送り浅草駅へ着くと空襲警報中なので駅は真っ暗で、偶然にも私は父の前に居た。ホームは薄明るいので父も私が分かりびっくり。

越ヶ谷駅から途中、田圃の中の近道を歩くと、蛙の大きな唸り声が続く。父はモーターの響きと間違える。

この先の林の道で、翼から先が長いボディーで、白星の付いた飛行機が来たので私は木の陰に隠れたら発見され操縦士は首を下に長く出して見ていた。爆弾を落とさずに行ったので助かった。

八月六日、広島に大型特殊爆弾（原子爆弾）が投下され大被害と新聞に出る。大変なことになったと薄々分かる。白い衣服を着るようにとニュースで聞く。一発で大爆発、大変な死傷になるらしい恐ろしい爆弾。次は長崎へ投下。ソ連は対日参戦と日本は追い詰められる。妻子が心配なので疎開先へ行く。宇都宮で東北線に乗り換えのため、市中を通ると、空襲で焼跡の煙が残っている。東北線で宝積寺、次いで烏山よりバスで久慈橋場と乗り継ぎ、家に着く。翌夜は常陸海岸を敵艦が砲撃するのが夜半に轟く。

〈終戦〉　絶望の日々を送るうち、八月一五日を迎えた。快晴で雲一つない暑い日だった。重大放送が予報されて、正午にラジオの前に集まり放送を待つ。陛下の御放送だった。御言葉はよく分からないが戦争は終わったらしい。日本は米国及び連合軍に降伏（ポツダム宣言受諾）した。開戦の日の予測は当たる。それでも一億総玉砕が現実とならなかったのは喜ばなければならない。張り詰めた気分が一遍に抜ける。もう爆弾の心配はない。外部の電燈もつく。疎開者は自分の家に戻れると、欣喜雀躍である。その陰に、戦死者を出し、家財を焼かれ、両親を失い、負傷し、家族離散等の被害を受けた人達は、素直には喜べない。戦争は終わっても元の生活は戻って来ない。

住所を移動した故か、最後まで召集令状は、私には来なかった。日本軍の員数外になっていた。義兄は小笠原島へ派遣された後、硫黄島に増援され昭和二〇年四月に米軍の上陸に交戦し戦死された。義次兄はニューギニア方面で生存され、衰弱して帰還した。嫂の戦後の苦労が始まった。私達は、一応東京へ出て様子を見るため、氏家へ出て宿に泊まる。部屋の中に敵機の銃撃の跡が残り主人は怒っている。私は実家の手伝いがあるので、妻を再び郷里へ戻し、後で呼ぶことに決めた。

上野で三人連れの米兵が呼び止める。折詰状の包みを出し、買えと言うらしい。咄嗟に噂に聞く米軍の弁当と判断。シックステーなので、安いと即座に買う。肉、菓子、煙草、盛りだくさん。柏駅の弁当とは大差がある。

〈孤児〉　終戦で汽車が混雑するので、乗客はホームに入る前、駅前広場に並ぶ。その列に、孤児らしい少女が食べ物を求めて、「名残り尽きない果てしない」と唄っている。悲しい歌声で哀れだった。

〈進駐軍〉　日比谷公園で罹災者に配給があると聞いて出掛ける。遅く行ったので、軍用の古いゲートル、鞄等が残っているだけである。日比谷交差点へ出ると大勢集まっているので見ると、内幸町方面から米軍の隊列が来る。交差点の所に在るマッカーサー元帥の司令部の前で閲兵分列式だった。

あとがき

私の『九死一生九〇年』の前半生は、ただただ、無我夢中で終わった。

その間、怪異的経験や、母やその他の方々の宗教的異状を見聞して、私の九死一生は、偶然か、それとも否かと迷い過ごしてきたため、後半生は必然的に宗教やオカルトなどの方面に興味・意欲が向いていっていた。

生活苦もあって、個人的研究に留まっていたが、幼児の頃からオカルト的異状があったことは薄々気付いていていた。霊能者の先生の宗教会に入ったり、その他の先生にお伺いする内に、これまでの人生の偶然を否定する方向に傾いた。私の後ろに何かが在らせられるのではと思うこともある。機会があれば、このことも発表したいと思っているが、バッテリーも残り少ない今は、家庭内で、老妻の面倒や家事で多忙な日々を送っている。そんな中でこの文章を綴ったので、拙劣で、読み辛い点はお詫び申し上げる。

なお、旧日本陸軍では、上級者に必ず、「殿」を付けるのであるが、文章になると煩わしいので、本文中では失礼ながら省かせていただいたこと、お許し願いたい。

また、貴重なお写真をお貸し下さった乃木神社、東京都慰霊協会、写真掲載のご許可を下さった神宮司庁、国書刊行会の皆様と、ご指導下さいました文芸社の方々に、厚くお礼申し上げる。

著者　謹言

著者プロフィール

東京老爺児（とうきょうろーやる）

本名：崎田五平。
大正3年10月、東京都京橋区（現中央区）八丁堀に生まれる。
京橋高等小学校卒業。

九死一生九〇年　私の奇妙な前半生物語

2003年 8月15日　初版第1刷発行

著　者　東京老爺児
発行者　瓜谷 綱延
発行所　株式会社文芸社
〒160-0022　東京都新宿区新宿1－10－1
電話　03-5369-3060（編集）
03-5369-2299（販売）

印刷所　株式会社平河工業社

ISBN4-8355-5361-6 C0095